Reihe Hanser 80

Wolf Lepenies · Soziologische Anthropologie

Ohne Zweifel sehen wir uns heute einer »Renaissance« anthropologischer Fragestellungen gegenüber. Anthropologie kann dabei nicht länger, wie zumal in Deutschland üblich, mit »philosophischer Anthropologie« assoziiert werden. Es läßt sich die Herausbildung einer interdisziplinären »Wissenschaft vom Menschen« prognostizieren, die Ergebnisse und Denkansätze der biologischen, ethnologischen und philosophischen Anthropologie in sich vereinigt; sie wird sozialwissenschaftlich orientiert sein. Sie wird einerseits auf die gesellschaftliche Bedingtheit ihrer Ergebnisse zu reflektieren haben, andererseits zeigen müssen, inwieweit gesellschaftliches Handeln auch unter dem Aspekt anthropologischer Vorgegebenheiten analysiert werden muß. Der Band beschreibt zunächst die genannte »Renaissance« an Beispielen aus den sozialistischen Ländern, der BRD, Frankreich und den USA. Rückblickend wird dann auf historische »Vorläufer« einer solchen »soziologischen Anthropologie« hingewiesen, im Mittelpunkt Kant und Diderot. Nachdrücklich wird auf den engen Zusammenhang von Politik und Anthropologie aufmerksam gemacht – auch dieser Zusammenhang wird historisch zurückverfolgt. Ein Kapitel »Soziologie und Anthropologie« beschließt den Band. In dessen Mittelpunkt steht unter dem Titel »Im Namen der Natur« der Hinweis auf Möglichkeiten und Grenzen einer anthropologisch orientierten Kritik an der Neuen Linken.

Wolf Lepenies, geb. 1941, Professor am Institut für Soziologie der Freien Universität Berlin. Veröffentlichte Zeitschriftenaufsätze; *Melancholie und Gesellschaft*, Frankfurt/Main 1969; *Orte des wilden Denkens. Zur Anthropologie von Claude Lévi-Strauss* (Herausgeber mit Hanns H. Ritter), Frankfurt/Main 1970; *Kritik der Anthropologie. Marx und Freud, Gehlen und Habermas, Über Aggression* (zusammen mit Helmut Nolte), München 1971, »Reihe Hanser« Bd. 61.

D1931403

Reihe Hanser 80

Wolf Lepenies
Soziologische Anthropologie
Materialien

Carl Hanser Verlag

ISBN 3 446 11501 3

Alle Rechte vorbehalten
© 1971 Carl Hanser Verlag,
München
Ausstattung:
Heinz Edelmann
Gesamtherstellung:
Friedrich Pustet,
Regensburg
Printed in Germany

Inhalt

Vorbemerkung

In diesem Band lege ich »Materialien« zu einer soziologischen Anthropologie vor, dabei bleibe ich weitgehend auf der Ebene der Darstellung und der Information. Daher kann der nachfolgende Text auch als eine Art kommentierter Bibliographie gelesen werden. In die Bibliographie selbst wurden zusätzlich einige wichtige Veröffentlichungen aufgenommen, die im Text nicht direkt verarbeitet worden sind.

Aus der Darstellung geht hervor, wie sehr Begriff und Problemstellung einer soziologischen Anthropologie in Diskussionen mit Dieter Claessens und Helmut Nolte entwickelt worden sind. Der nachfolgende Text ist der überarbeitete und ergänzte erste Teil eines Kurses »Soziologische Anthropologie«, den wir gemeinsam an der FU Berlin veranstaltet haben. Auch werden hier Fragestellungen wieder aufgenommen, die Helmut Nolte und ich in dem Band »Kritik der Anthropologie« (Reihe Hanser 61) publiziert haben.

Das Manuskript wurde im Mai 1971 abgeschlossen.

W. L.

Renaissance der Anthropologie

Terminologie

Mit dem Begriff »Soziologische Anthropologie« wird der Vorschlag verbunden, die Ergebnisse der anthropologischen Wissenschaften unter soziologischem Blickwinkel neu zu betrachten. Propagiert wird nicht eine neue Spielart von »Anthropologie«, die in der Regel doch nichts anderes zu sein pflegt als eine gängige Anthropologie in neuer Begriffshülle. Da die Perspektive einer soziologischen Anthropologie auf eine Integration einzelner anthropologischer Disziplinen abzielt, sind kurze definitorische Hinweise unumgänglich. Sie konzentrieren sich auf biologische und ethnologische Anthropologie; Fragestellungen der philosophischen Anthropologie treten dabei ausdrücklich in den Hintergrund.

Unter *biologischer Anthropologie* wird eine naturwissenschaftliche Disziplin verstanden, die als ein Teil der Zoologie gelten darf: »Ihr Gegenstand ist der Mensch als eine Gattung, die sie morphologisch und physiologisch mit anderen Tiergattungen vergleicht und mit ihnen auch genetisch in Zusammenhang bringt« (HABERMAS 1958: 18). Die Ergebnisse der verschiedenen Teilbereiche dieser Naturwissenschaft sind von entscheidender Bedeutung »für die Erforschung der Vermittlungen und der Wechselbeziehungen zwischen der biologischen Entwicklung und den Naturanlagen des Menschen einerseits und der gesellschaftlichen Entwicklung andererseits« (EICHHORN I 1969: 19)*.

Als *ethnologische Anthropologie* werden »kulturvergleichende, archäologische, sozialpsychologische, familiensoziologische, religionssoziologische, linguistische u. a. Untersuchungen bei bestimmten, bisher wenig erforschten Bevölkerungsgruppen ...« zusammengefaßt (EICHHORN I 1969: 19). Die *philosophische Anthropologie* greift auf die Forschungs-

* Die bibliographischen Angaben verweisen auf Autor, Erscheinungsdatum der entsprechenden Publikation und deren Seitenzahl. Werden Ziffern nur in Klammern aufgeführt, so bezeichnen sie Seitenzahlen der zuletzt genannten Publikation.

ergebnisse der biologischen und ethnologischen Anthropologie zurück, »sie verarbeitet Resultate aller Wissenschaften, die wie Psychologie, Soziologie, Archäologie, Sprachwissenschaft usw. irgend mit Mensch und Menschenwerk zu tun haben; aber sie ist selber keine Einzelwissenschaft in diesem Sinn. Philosophische Anthropologie ist sehr wohl noch Teil der Philosophie ... sie ist noch nicht zu einer eigenen Wissenschaft geworden. Denn ihr Gegenstand ist etwas, das nicht geradewegs zum Gegenstand werden kann: das *Wesen des Menschen*« (HABERMAS 1958: 18).

Das anthropologische Zentralproblem kann in den drei Fragen zusammengefaßt werden, worin jeder Mensch allen anderen Menschen, worin er einigen Menschen und worin er keinem anderen Menschen ähnlich ist (KLUCKHOHN und MURRAY 1953; SINGER 1961: 15). Die erste Fragestellung gehört in die biologische, die zweite in die ethnologische Anthropologie, die dritte Fragestellung – als vorwiegend zur Persönlichkeitstheorie gehörig – spare ich aus.

Die Definitionen der biologischen, ethnologischen und – mit Einschränkungen – auch der philosophischen Anthropologie sind allgemein akzeptiert, bieten jedoch Anlässe zu wissenschaftspolitischen und wissenschaftstheoretischen Auseinandersetzungen. In dem in der DDR erschienenen »Wörterbuch der marxistisch-leninistischen Soziologie« (EICHHORN I u. a. 1969), aus dem ich u. a. die Definitionen der biologischen und der ethnologischen Anthropologie übernommen habe, heißt es zur ersteren: »Die Gestaltung des entwickelten gesellschaftlichen Systems des Sozialismus und die Meisterung seiner gesellschaftlichen und technischen Entwicklungsprobleme erfordern eine immer stärkere Gemeinschaftsarbeit zwischen der naturwissenschaftlichen Anthropologie und der marxistisch-leninistischen Gesellschaftstheorie, insbesondere auch der Soziologie« (19). Und zur ethnologichen Anthropologie bemerkt Wolfgang Eichhorn I, der den Artikel »Anthropologie« verfaßt hat: »In der Zeit zwischen den beiden Weltkriegen und vor allem nach dem zweiten Weltkrieg wurden anthropologische Untersuchungen dieser Art in starkem Maße durch die Interessen der kolonialistischen und neokolonialistischen Politik der imperialistischen Mächte initiiert«. Die philosophische Anthropologie, der man hier den breitesten Raum widmet, wird schließlich definiert als

»eine Modeerscheinung innerhalb der reaktionären imperialistischen Philosophie der letzten Jahrzehnte« (19).
Aus diesen Definitionen läßt sich schließen, daß es sich in der Reihe biologische – ethnologische – philosophische Anthropologie um Disziplinen handelt, die zunehmend einem stärkeren Ideologieverdacht unterworfen sind. Damit ist über die ideologische *Verwendbarkeit* der Ergebnisse einzelner anthropologischer Disziplinen natürlich nichts gesagt: abschreckend bleibt vor allem die Allianz zwischen dem Nationalsozialismus und einer als »völkisch« deklarierten biologischen Anthropologie.
Terminologische Differenzen sind in der ethnologischen Anthropologie am deutlichsten, deren technisches Vokabular sich »in einem Zustand vollständiger Anarchie« befindet (LEVI-STRAUSS 1967: 397). In der amerikanischen Literatur ist der Begriff »cultural anthropology« im wesentlichen mit dem Terminus »Ethnologie« identisch. Ist von »anthropology« die Rede, so handelt es sich nach deutschem Sprachgebrauch um Ethnologie; was wir als Anthropologie bezeichnen, heißt, freilich auch nicht durchgängig, »physical anthropology«. Die »cultural anthropology« muß dabei wiederum von der »social anthropology« unterschieden werden, wie sie für Großbritannien charakteristisch ist. Einerseits wird »anthropology« als Studium der schriftlosen Gesellschaften und ihrer Kulturen *unterschieden* von der Soziologie, deren Objekt die fortgeschrittenen, komplexen, hochindustrialisierten Gesellschaften sein sollen (MACQUET 1964: 50), andererseits »social anthropology« als der *Zweig der Soziologie* bezeichnet, der sich mit dem Studium der sogenannten »Primitiven« befaßt (GLUCKMAN 1969: 32; kritische Übersicht dazu HSU 1964).
Die Unterscheidung scheint freilich schwierig, wenn einerseits von »social anthropology« als einer »natural science of society« (RADCLIFFE-BROWN 1957) die Rede ist, andererseits diese Auffassung entschieden abgelehnt und »social anthropology« als eine Art Historiographie, Philosophie oder Kunst bezeichnet wird, deren Objekt nicht nur die »Primitiven«, sondern generell die nichteuropäischen Gesellschaften sind (EVANS-PRITCHARD 1969: 52 f.; dazu LEWIS 1970), wobei *diese* Art der »social anthropology« auf dem Kontinent als Soziologie *oder* Ethnologie bezeichnet wird (EVANS-

PRITCHARD 1951). Trotz Differenzen dieser Art gibt es Versuche, »social anthropology« und »cultural anthropology« als generalisierende und historiographisch arbeitende Fächer zugleich zu definieren und daher natürlicher Weise miteinander integrieren zu wollen (EGGAN 1968: 145).

Die Verwirrung kann noch vergrößert werden, wenn man Frankreich einbezieht, wo weit stärker Ethnologie und Ethnographie unterschieden werden und weder der »ethnologie« noch der »anthropologie sociale« eigene Objektbereiche zugeschrieben, sondern beide als spezifische Denkweisen bezeichnet werden (MERLEAU-PONTY 1953: 145, 157/158). Im deutschen Sprachgebrauch hat Sozialanthropologie – »eine Kombination biologischer und soziologischer Fragen, die mit einigem Recht als selbständige Wissenschaft auftritt« (GEHLEN 1961: 10) – mit der »social anthropology« britischer Provenienz kaum etwas zu tun (MÜHLMANN 1968: 113 f.) und auch »Kulturanthropologie« ist keineswegs mit der US-amerikanischen »cultural anthropology« identisch (MÜHLMANN 1962: 107–129).

Bei dieser Sachlage ist man geneigt, Erklärungen zuzustimmen, die etwa besagen, die erste (Honorar-)Professur für »social anthropology«, die Sir James Frazer 1908 in Liverpool erhielt, habe diesen Namen nur bekommen, »weil es nötig war, einen Titel zu finden, um einen neuen Lehrstuhl von anderen zu unterscheiden, die die traditionelle Terminologie erschöpft hatten« (LEVI-STRAUSS 1967: 381).

Soziologische Anthropologie

Die Auffassung der Anthropologen, »daß die entwickelte Lehre vom Menschen der Philosophie selbst einen neuen und sicheren Weg zu ihrer klassischen Bedeutung als scientia generalis biete«, hat Joachim Ritter bereits 1933 überzeugend kritisiert – während zur gleichen Zeit Arnold Gehlen seine elementare Anthropologie als »prima philosophia oder philosophische Grundwissenschaft« entwarf (GEHLEN 1965: 252). Ritter verhielt sich skeptisch gegenüber dem Projekt einer *philosophischen Anthropologie*, welche jene »allgemeine und totale Erkenntnis vom Wesen des Menschen selbst vermitteln« sollte (RITTER 1933: 9), die zu erreichen den anthro-

pologischen Einzeldisziplinen nicht gelang. Die Entfremdung der Wissenschaften könne nämlich nicht aufgehoben werden, »indem die wissenschaftliche Beschäftigung mit dem Menschen aus dem Reich der Erfahrung in das Reich der Weltanschauung überspringt« (12). Eine Lehre vom Menschen schien nur als Metaphysik, auf dem Boden »wissenschaftsfremder Weltanschauung« möglich.
In der Tat sind die großen Entwürfe philosophischer Anthropologien selten – und zwar an den argumentationsstrategisch entscheidenden Stellen – ohne Rekurs auf Metaphysik ausgekommen, auch dann nicht, wenn, wie bei Arnold Gehlen, Anthropologie als empirische Philosophie betrieben werden sollte. Daher muß noch heute selbst eine deskriptiv-problematisierende *Darstellung* der philosophischen Anthropologie (Habermas 1966/67 b) von der Versicherung ausgehen, keine »Ersatztheologie« oder ein Pendant zu »verfallenen Ontologien« liefern zu wollen.
Eine *soziologische Anthropologie* zielt nicht auf die Ausarbeitung einer »scientia generalis« in dem oben angesprochenen Sinne. Sie stützt sich zwar wie die philosophische Anthropologie auf die Ergebnisse der biologischen und ethnologischen Disziplinen, doch vertritt sie von vornherein einen anderen, eingeschränkteren, Anspruch auf Synthese. Auch kann sie nicht beanspruchen, diese Synthese selbst zu leisten, ist darin vielmehr von Ansätzen zur Synthese in den anthropologischen Disziplinen selbst abhängig. Deren gleichsam »negatives« Symptom ist die am Beispiel der ethnologischen Anthropologie demonstrierte Verwirrung der Terminologie: sie deutet auf interdisziplinäre Tendenzen gerade auch da, wo die institutionellen Konsequenzen wissenschaftlicher Arbeitsteilung diese eher unterbinden als fördern.
Im folgenden verweise ich zunächst auf exemplarische interdisziplinäre Ansätze in den anthropologischen Disziplinen selbst und auf einige institutionelle Konsequenzen eines solchen Trends. Die anthropologische »Renaissance«, von der heute gesprochen werden kann, bezieht sich auf einen Sammelbegriff von Anthropologie, in dem verschiedene Fächer – vor allem biologische und ethnologische Anthropologie – in ihren die Fachgrenzen sprengenden Kontaktstellen zusammengefaßt sind. Die Perspektive einer *soziologischen* Anthropologie sieht diese Disziplin als Sozialwissenschaft, sie

umfaßt nämlich einerseits offenkundige oder kaschierte anthropologische Voraussetzungen soziologischer Partialtheorien, bemüht sich zum anderen um den Nachweis der soziologischen Determiniertheit anthropologischer Theorien. Eine soziologische Anthropologie ist daher nicht mit einer Anthropo-Soziologie identisch, wie sie *neben* Anthropobiologie und Anthropopsychologie entworfen wurde (MÜHLMANN 1951:90). Es handelt sich beim Entwurf einer soziologischen Anthropologie ausdrücklich nicht um den Versuch, soziologische auf anthropologische Sätze zu reduzieren – andererseits geht es darum, die Rolle des Naturfaktors auch im Objektbereich der Soziologie nicht zu unterschlagen. Wir bedürfen einer Naturgeschichte des Menschen ebenso wie einer Humangeschichte der Natur (MOSCOVICI 1968) und haben biologische und soziologische Bestimmtheit des Menschen nicht gegeneinander auszuspielen, sondern miteinander zu vermitteln (CLAESSENS 1970a: 17). Einer Täuschung unterliegen wir, wenn wir glauben, gesellschaftliche Phänomene durch die Bestimmung des Menschen erklären zu können, aber ebenso geben wir uns einer Illusion hin, wenn wir meinen, *den* Menschen als ein Produkt der Natur im Rahmen von Gesellschaftstheorien nicht berücksichtigen zu müssen.

Die Renaissance anthropologischer Fragestellungen und die Möglichkeit, diese neue Hinwendung zur Anthropologie soziologisch zu deuten, stelle ich eher fest, als daß ich eine Erklärung dafür bieten kann wie etwa Arnold Gehlen, der die anthropologische Wendung in fast allen Wissenschaften darauf zurückführen wollte, »daß in der Massenhaftigkeit seines Daseins der Mensch anfängt, sich selbst die Natur zu verstellen« (GEHLEN 1961: 8). Die Gründe für die Renaissance der Anthropologie sind höchst unterschiedlich, und die Tatsache, daß nunmehr in der DDR die Marxschen Frühschriften zu ihrem Recht kommen, hat schwerlich die gleichen Ursachen wie die Orientierung amerikanischer Sozialwissenschaftler an einer »critical anthropology« (s. S. 22).

Die Möglichkeit, anthropologische Aussagen mit soziologischen zu kombinieren, setzt eine Grundlagendiskussion über Tendenzen der heutigen Anthropologie voraus, die ich nicht führen kann. Mir scheint indes der Ansatz fruchtbar zu sein, diese Möglichkeit auf jenen Begriff zu gründen, der in den anthropologischen Wissenschaften immer der soziologiefernste zu sein schien: *Instinkt.* Wenn nämlich einerseits gezeigt werden kann, daß tierisches Verhalten eben nicht durch eine starre Instinktdetermination gekennzeichnet ist, sondern darin instinktive und lernanaloge Verhaltensweisen miteinander verbunden sind und ferner die Hypothese plausibel erscheint, daß wir es im menschlichen Verhalten durchaus mit Instinktresten zu tun haben, freilich solchen *formaler* Art, deren inhaltliche Auffüllung gesellschaftsspezifisch erfolgt (CLAESSENS 1970a, 1970b), erscheint eine Trennung anthropologischer von soziologischen Aussagen aufgrund des klassischen Instinktbegriffs und seiner weitreichenden Implikationen hinfällig.

Eine solche Grundsatzdiskussion zu führen, habe ich nicht vor. Die Materialien zu einer soziologischen Anthropologie, die ich vorlege, sind der Ausdruck einer interdisziplinären und generalisierenden Bewegung in den anthropologischen Disziplinen selbst. Ich glaube feststellen zu können, daß diese Tendenz mit dem Versuch verbunden ist, eine Anthropologie als Sozialwissenschaft zu konstituieren. Dieser Versuch ist freilich nicht unumstritten, außerdem dürfen Argumente nicht außer acht gelassen werden, die für eine verstärkte Spezialisierung der anthropologischen Disziplinen eintreten, weil in ihnen selbst der Korpus gesicherten Wissens zu gering und die Unterschiede zwischen differierenden Erklärungsmustern – wie im Bereich der biologischen Anthropologie zwischen genetischen und Evolutionstheorien – als zu groß erscheinen. Dennoch kann man auf die Verknüpfungsmöglichkeit anthropologischer und soziologischer Aussagen in Teilbereichen ebenso hinweisen, wie auf die soziologische Determiniertheit anthropologischer Theoreme. Der Zusammenhang von Anthropologie und Politik ist daher für eine soziologische Anthropologie ebenso zentral wie ein Rückblick auf die Geschichte der Anthropologie.

Ein neues Interesse an anthropologischen Fragestellungen

Der interdisziplinäre Trend der anthropologischen Fächer hat eine lange Phase der Spezialisierung abgelöst. Generell kann man von einem Wechsel zwischen Spezialisierung und Synthese sprechen, der die Geschichte der Anthropologie prägt, wobei die Professionalisierung* durchaus nicht als institutioneller Ausdruck der akademischen Spezialisierung gedeutet werden muß: Als 1863 die »Anthropological Society of London« gegründet wurde, stellte sie es sich zur Aufgabe, die verschiedenen Zweige der Wissenschaften, die sich mit dem Menschen befassen, aus ihrer Isolierung zu befreien und zur Erarbeitung einer einheitlichen Menschenwissenschaft beizutragen (BURROW 1966: 119), und ein Mann wie Edward B. Tylor (1832–1917) verstand die »Ethnographie« als umfassende Wissenschaft vom Menschen (VOGET 1967: 133). Der Name der im Jahre 1869 gegründeten »Berliner Gesellschaft für Anthropologie, Ethnologie und Urgeschichte« spricht in diesem Zusammenhang für sich selbst.

Für lange Zeit ist die Geschichte der Anthropologie freilich eher durch die zentrifugale Bewegung der Einzelfächer geprägt worden. Das gilt insbesondere für die Beziehung von biologischer und ethnologischer Anthropologie. Der Keim zur Dissoziation wird schon in den programmatischen Worten von James Hunt deutlich, dem ersten Präsidenten der obengenannten »Anthropological Society of London«, die es sich doch zum Ziel gesetzt hatte, die Menschenwissenschaften zu vereinigen: »Die menschliche Natur scheint in China oder Amerika sehr verschieden zu sein. Würde die Anthropologische Gesellschaft überhaupt existieren, wenn diese Meinung nicht von jedermann geteilt würde? Könnte man, um zu erfahren, wie die menschliche Natur beschaffen ist, nicht ebensogut einen Londoner studieren wie zwanzig verschiedene Rassen?« (BURROW 1966: 128).

Ein Gegensatz von biologischer und ethnologischer Anthropologie wurde damit angedeutet, der sich nur zu schnell institutionell festigen sollte. Der amerikanischen »Cultural Anthropology« galten die Jahre 1935–1950 als die Zeit, »in der die Schlacht gegen die menschliche Natur gewonnen wurde« (SINGER 1961: 22) – die Folge war eine strikte Trennung und Isolierung der anthropologischen Fächer in verschiedenen departments, und der Anti-Biologismus führte »zu einem genau so forschungshinderlichen Postulat ..., wie es in früheren biologistischen Interpretationen (im Extrem z. B.

* Die Rolle der »educated amateurs« in der Geschichte der ethnologischen Anthropologie kann gar nicht überschätzt werden (VOGET 1967: 150).

der »Rassentheorie«) mit umgekehrtem Vorzeichen der Fall war« (RUDOLPH 1968: 277). Erst allmählich setzte sich – vor allem unter dem Einfluß der Ethologie und durch die »Rettung« des Instinktbegriffs in den Arbeiten von Lorenz, Tinbergen u. a. – die Erkenntnis durch, daß man vom Phänomen der einen menschlichen Natur ausgehen muß, um sinnvolle interkulturelle Vergleiche vornehmen zu können (SINGER 1961: 17; REDFIELD 1962), daß die bioanthropologische Sichtweise durch die kulturanthropologische Reflexion – und diese durch jene – ergänzt werden muß und daß die Kulturanthropologie in dieser Perspektive, von der Humangenetik aus gesehen, als »vergleichende ethologische Modifikationslehre« erscheint (MÜHLMANN 1962: 108 f.). Daher ist auch die einmal durchaus zutreffende Behauptung heute veraltet, nach Auffassung der Angelsachsen habe der Mensch praktisch keine »Natur« (SCHOECK 1967: 589).

Der Zwang zum interdisziplinären Kontakt erwächst nunmehr aus Fakten und Ergebnissen, nicht mehr aus einem prinzipiell propagierten esprit de système (PIAGET 1969). Der Gedanke an eine biologische Anthropologie, die getrennt von den anderen anthropologischen Disziplinen als eigenständige Wissenschaft weiterbetrieben werden könnte wie noch in der ersten Hälfte des Jahrhunderts, erscheint obsolet (WASHBURN 1968), und auch dort, wo aus sachlichen Gründen der Arbeitsteilung noch an der Trennung von biologischer und ethnologischer Anthropologie festgehalten wird, ist doch die Notwendigkeit zur Synthese offensichtlich (DOBZHANSKY 1963). Die Anthropologie wird als »converging discipline« (JANOWITZ 1963) bezeichnet und zu den »synthesizing sciences« (LINTON 1945) gerechnet, soll Biologie wie Sozial- und Geisteswissenschaften in sich vereinigen (DOBZHANSKY 1963: 148).

Die Idee einer solchen Synthese wird freilich unglaubwürdig, wenn man generell die Nutzlosigkeit der Naturwissenschaften für die Anthropologie konstatiert (LINTON 1945: 5). Ganz sicher gilt dies nicht für Fächer wie Biologie, Genetik und Hirnphysiologie (SCHAFF 1969b : 44 f.) – auch wenn man der Ansicht sein kann, daß der Forschungsstand in den einzelnen anthropologischen Fächern selbst die Zeit für eine Synthese noch nicht reif erscheinen läßt (COUNT 1967) und daher dafür plädiert, zunächst die überkommene akademisch-institutionelle Trennung der Disziplinen eher beizubehalten (CRESSWELL 1967) als eine überstürzte Neugliederung vorzunehmen.

Wie selbstverständlich umschließen Einführungen in die »Allgemeine Anthropologie« in den USA nunmehr biologische *und* ethnologische Anthropologie (HARRIS 1971). Ein Vorschlag, auch im Curriculum die Trennung von beiden anthropologischen Fächern durchlässiger zu machen (THOMPSON 1967), kann dabei bereits auf eine gewisse Tradition verweisen (THOMPSON 1952; TAX 1955; KAPP 1961; BREITINGER u. a. 1961; BRYAN 1962). 1967 stellte »Current Anthropology« einen vielkommentierten Vorschlag zur Diskussion, der eine »General Anthropology« mit den Unterteilungen Ökologische Anthropologie (Humangeographie), Systematische Anthropologie (Humanbiologie), Individualanthropologie (Humanpsychologie), Sozialanthropologie (Humansoziologie) und Kulturanthropologie (Kulturologie) entwickelte (MARSHALL 1967); andere Aufteilungen umschließen Kulturanthropologie, Archäologie, anthropologische Linguistik und biologische (physische) Anthropologie (HARRIS 1971).

Die Schwierigkeit, eine Allgemeine Anthropologie zu entwickeln, die die Ergebnisse der anthropologischen Einzelwissenschaften zusammenfaßt, beruht in den USA vor allem auf der herkömmlichen Departmentalisierung der Universitäten, die generell z. B. eine Trennung von »physical anthropology« und »cultural anthropology« vorsieht.* Vergleicht man dagegen Länder wie Frankreich, so kann man feststellen, daß eine andere, immer auf interdisziplinäre Kontakte angelegte Wissenschaftstradition bereits zu institutionellen Konsequenzen für die Stellung der anthropologischen Wissenschaften geführt hat. Dies erklärt sich vor allem aus der Geschichte der französischen Soziologie, die immer eher als Methode, als eine spezifische Haltung oder Sichtweite denn als eine Wissenschaft verstanden wurde, die qua Objektbereich von anderen Wissenschaften scharf zu trennen war (LEVI-STRAUSS 1945; MERLEAU-PONTY 1953; POUILLON 1971), wodurch seit Comte, vor allem aber seit der Durkheim-Schule ein enger

* Harris nennt einen weiteren Grund: »The fragmentation of anthropological perspective is closely related to the periodization of the college year.«

Kontakt zwischen (biologischer und ethnologischer) Anthropologie und Soziologie zur Regel wurde.
Lévi-Strauss hat ebenso für die Anthropologie hervorgehoben, daß sie eher als eine bestimmte Weltansicht oder als eine »originelle Art, die Probleme zu stellen« bezeichnet werden kann, denn als festumrissene akademische Disziplin (LÉVI-STRAUSS 1967: 370) mit einem eigenen Studienobjekt. Ähnlich wie die zitierten amerikanischen Autoren hat Lévi-Strauss auf die notwendige enge Verbindung von biologischer und ethnologischer Anthropologie sowie Soziologie hingewiesen. Ein Anthropologe, gleich welcher Richtung, kann »nicht von Grundkenntnissen in der physischen Anthropologie dispensiert werden; die physische Anthropologie aber ist verloren, wenn sie sich nicht ständig den soziologischen Ursprung der Determinismen vor Augen hält, deren somatische Wirkungen sie studiert ...« (374). Lévi-Strauss hält dabei an einer gewissen unterschiedlichen Orientierung von Sozial- und Kulturanthropologie fest, als *Kultur*anthropologie orientiert sich die Anthropologie vor allem an Geographie, Sprachwissenschaft und Archäologie, als *Sozial*anthropologie an Psychologie und Soziologie. Eine solche Anthropologie »steht ... auf den Naturwissenschaften; sie lehnt sich an die Kulturwissenschaften; und sie schaut auf die Sozialwissenschaften« (386). Diese Metaphorik spiegelt freilich eher eine Lösung der aus ihrer multiplen interdisziplinären Orientierung sich ergebenden Probleme für die Anthropologie vor, als daß sie tatsächlich einen praktikablen Lösungsvorschlag anböte, der sich im Universitätsalltag verwirklichen ließe – außer dem, der Anthropologie einen möglichst selbständigen Status zu verleihen. Ferner wird aus diesen Sätzen kaum deutlich, eine wie ambivalente Stellung Lévi-Strauss selbst der Beziehung von Anthropologie und Soziologie gegenüber einnimmt (LEPENIES und RITTER 1970: 20 f.).
Nicht zu übersehen ist freilich die Nähe zu den Sozialwissenschaften, in die durch Lévi-Strauss die Anthropologie – als »Sozialwissenschaft des Beobachteten« gegenüber der Soziologie als der »Sozialwissenschaft des Beobachters« – gerückt wird, eine Annäherung freilich, die Lévi-Strauss um so leichter proklamieren kann, als er gleichzeitig Möglichkeiten der Integration von Sozialwissenschaften (sciences sociales et

humaines) und Naturwissenschaften (sciences exactes et naturelles) aufzeigen will (LEVI-STRAUSS 1966: 203).

Die multiple Orientierung der Anthropologie hat in Frankreich dazu geführt, daß sie tatsächlich zu einem Auslöser der Fakultätsreform geworden ist. Denn während Anthropologie wie Soziologie sowohl den sciences humaines wie den sciences sociales zugerechnet werden könnten, drängt ein »neuer« Begriff, der der »sciences de l'homme«, sich auf (VIET 1966: 32; SARANO 1968). Hierin würde die (biologische und ethnologische) Anthropologie einen hervorragenden Platz finden können, unterstützt durch die wachsende Konvergenz von Ethnologie und Soziologie, die innerhalb der »sciences de l'homme« eng zusammenarbeiten würden.

In manchem entspricht diese Konzeption der Anthropologie als »science de l'homme« einem amerikanischen Vorschlag (EDMONSON 1969) zur Definition der Anthropologie als »science of man« – und nicht in erster Linie als »science of ethnos«, »science of culture« oder »science of society«. Wenn Edmonson auch die Notwendigkeit und Bedeutung einer »anthropological sociology« betont, geht es ihm doch in erster Linie – und aufgrund der US-amerikanischen Tradition des Faches nur allzu verständlich – um eine wirkliche Integration der *biologischen Anthropologie* in die »science of man«.

Wenn wir uns heute in der westdeutschen, angelsächsischen und französischen *Soziologie* – wie auch in den sozialwissenschaftlichen Diskussionen der sozialistischen Länder, vornehmlich der UdSSR und DDR – einer Renaissance anthropologischer Fragestellungen gegenübersehen, so beruht diese Tatsache nicht zuletzt auf einer zu immer größerer Interdisziplinarität tendierenden Entwicklung der anthropologischen Disziplinen selbst. Diese steht dabei im Gegensatz zur wachsenden Spezialisierung der Soziologie, die über keine generelle Theorie verfügt, die die Ergebnisse der Einzelforschungen und Bindestrich-Soziologien noch integrieren könnte. Popper hat, für den speziellen Fall der britischen »social anthropology«, auf eine gewisse Umkehrung des Verhältnisses von Anthropologie und Soziologie hingewiesen: »Die soziale Anthropologie ist von einer angewandten Spezialwissenschaft zur Grundwissenschaft avanciert, und der Anthropologe ist aus einem bescheidenen und etwas kurzsichtigen fieldworker zum weitblickenden und tiefsinnigen Sozialtheoretiker und zum Sozial-Tiefen-Psychologen geworden. Der frühere theoretische Soziologe aber muß froh sein, als fieldworker und als Spezialist sein Unterkommen zu finden – als Beobachter und Beschreiber der Totems und Tabus der Eingeborenen weißer Rasse der westeuropäischen Länder und der Vereinigten Staaten« (Popper 1969: 108). Auch wenn Popper einen Spezialfall im Auge hat: nicht nur bei Lévi-Strauss lassen sich ähnliche Äußerungen finden, so daß durchaus von einer Entwicklung gesprochen werden kann, in der das von Popper für die »social anthropology« Gesagte für die Anthropologie generell gilt. Deren Gegenstandsbereich wird durch die französische Bezeichnung »sciences de l'homme« am besten wiedergegeben; seit 1964 hat die UNO beschlossen, ihre Aktivitäten im Bereich der Sozialwissenschaften auf die »sciences de l'homme« zu konzentrieren Schaff 1969b: 57).

Die »Renaissance« der Anthropologie läßt sich in der Bundesrepublik unter anderem an der Auseinandersetzung von Jürgen Habermas mit Arnold Gehlen belegen (Habermas 1970a; Lepenies und Nolte 1971) sowie an der weitgestreuten Verbreitung der Habermas'schen Anthropologie-Vorlesung (Habermas 1966/67a; 1966/67b). Auf Ansätze zu einer soziologischen Anthropologie (Claessens 1970a; Nolte 1968) kann ich nur verweisen, auf interdisziplinäre Ansätze anthropologischer Orientierung gehe ich später ein (S. 28 f.). Für Frankreich genügt die Nennung von Lévi-Strauss und der Hinweis auf den keineswegs nachlassenden, ja vielleicht fachspezifisch erst jetzt wirksam werdenden Einfluß des Strukturalismus (Lepenies und Ritter 1970). Dazu entstammen viele Ansätze einer marxistisch orientierten anthropologischen Fragestellung der französischen Diskussion, und wenn man die These von der »anthropofugalen« Bewegung der Naturwissenschaften (Krüger 1970: 10) kritisch in Frage stellen will, kann man auf die Tradition einer Zeitschrift wie »La Pensée« oder auf einen Biologen wie Monod hinweisen, der in seinem Hinarbeiten auf eine »allgemeine Theorie lebender Systeme« ethische und politische Probleme anschneidet, die auch einer anthropologischen Reflexion bedürfen (Monod 1970). Diese Ansätze sind für eine interdisziplinär orientierte soziologische Anthropologie äußerst bedeutsam, wenn auch oft genug der sozialwissenschaftliche Bezug der betreffenden Naturwissenschaftler einem ethischen Voluntarismus verhaftet bleibt (MONOD 1969).

Paradoxerweise beruht die Renaissance der Anthropologie in den USA – neben den geschilderten »Annäherungen« zwischen »physical anthropology« und »cultural anthropology« – auf einer Selbstkritik vor allem der Ethnologie, die sich an der politischen Nutzbarmachung des Faches entzündete (dazu S. 42 f.). Eine Folge dieser Kritik waren Aktivitäten wie die Gründung der Zeitschrift »Critical Anthropology« an der New Yorker »New School for Social Research«, zu deren Advisory Board u. a. Stanley Diamond, Dell Hymes und Marshall Sahlins gehören. Anthropologie meint in dieser Zeitschrift die Verbindung von biologischer und ethnologischer Anthropologie in soziologischer Perspektive unter Berufung auf die aufklärerischen Traditionen des Faches. Und Dell H. Hymes gab einem Sammelband, der der gegenwärtigen »Malaise« vor allem der US-amerikanischen Anthropologie gewidmet ist, den Titel »Reinventing Anthropology«.

Am deutlichsten aber ist das neue Interesse an der Anthropologie belegbar, wenn man das Wiederaufleben der anthropologischen Fragestellung in der marxistischen Diskussion betrachtet. Ich beschränke mich dabei auf die Diskussion in den sozialistischen Ländern oder innerhalb der kommunistischen Parteien in den kapitalistischen Ländern, versuche also nicht darzustellen, welche wissenschaftspolitische Rolle die Versuche gespielt haben, an der Idee einer marxistischen Anthropologie festzuhalten, um sie gegen die entwickelte Marxsche Politökonomie auszuspielen. Ich gehe auch nicht auf Versuche ein, die Forderung Max Adlers aus dem Jahre 1930 einzulösen, der Marxismus habe den Menschen »in ausgedehnterem Maße als ein Instinkt- und Triebwesen zu betrachten« (ADLER 1964: 97), wie sie etwa in den frühesten Versuchen zur Ausarbeitung einer psychoanalytischen Sozialpsychologie (FROMM 1970) und in der Konstruktion der Psychoanalyse als Sozialwissenschaft (LORENZER u. a. 1971) vorliegen.

Die »Krise« der marxistischen Soziologie hat Norman Birnbaum u. a. auf die Vernachlässigung von Ethnologie und vergleichender Psychologie durch den Marxismus zurückführen wollen (Birnbaum 1968). Er hat es, und hierin liegt die Nähe zu Intentionen von Jürgen Habermas, als notwendig bezeichnet, die Marxsche Anthropologie, als eine Anthropologie des *homo faber*, zu verändern. Birnbaum hat mit seinem Resümee freilich insofern unrecht, als er Marx eine falsche Anthropologie*– »a theory ... of infinite human psychological malleability« nämlich – zuschreibt und gerade die Vernachlässigung der Ethnologie oder die verkürzte Rezeption ethnologischer Theoreme Marx weit weniger als Engels angelastet werden kann (Lucas 1964a und 1964b).

Immerhin gilt die Tatsache, daß heute gerade im Bereich der Anthropologie eine Vielzahl marxistischer Traditionen miteinander streiten, Birnbaum als Zeichen für die »Authentizität« der Krise. Daß diese keineswegs auf den Bereich der wissenschaftlichen Debatte beschränkt bleibt, zeigt die Bemerkung des tschechischen Philosophen Milan Machovec, »daß derselbe Mensch, der Mitte der fünfziger Jahre die Frage nach dem Sinn des menschlichen Lebens von oben herab als ›revisionistisch‹ bezeichnete, Mitte der sechziger Jahre mit der gleichen Souveränität dasselbe Problem als ›dogmatisch‹ klassifizierte« (Machovec 1971). Machovec selbst gelangt freilich sehr schnell zum Programm einer »Philosophie des Menschen«, sei er nun »untertänig oder rebellisch, unreif oder überreif, Marxist oder Nichtmarxist« und zur Darstellung des Marxismus als Synthese von Szientismus und Existentialismus, ohne sich genügend von der herkömmlichen Philosophischen Anthropologie zu distanzieren.

Adam Schaff wie Henri Lefebvre haben versucht, am Programm einer marxistischen Anthropologie festzuhalten, ohne die Kritik der herkömmlichen Philosophischen Anthropologie darüber zu vernachlässigen. Schaff hat, indem er sicher überpointiert »die Anthropologie des jungen Marx den Schlüssel zu seiner Ökonomie« (Schaff 1965: 41) nannte, das Problem einer marxistischen Anthropologie zunächst einmal von der Diskussion um die Pariser Manuskripte entfernen wollen. Die Anthropologie hat er etwa in den »Grundrissen« von 1857/58 lokalisiert, ohne dabei auf eine Kritik an Marx

* Ähnlich verfährt Schoeck, wenn er behauptet, Autoren mit einem marxistischen Gesellschaftsbild seien auf »die Annahme einer beliebig modellierbaren menschlichen Durchschnittsnatur« angewiesen (SCHOECK 1967: 589).

selbst zu verzichten, dessen Begriff der »menschlichen Natur im allgemeinen«, wie er im »Kapital« auftaucht, ihm zu unbestimmt erschien, als daß darauf eine Anthropologie begründet werden könnte. Schaff sieht die Chancen zu einer solchen Anthropologie heute eher durch den interdisziplinären Trend der »sciences de l'homme« gegeben (SCHAFF 1969b), der es auch gestatten soll, einen marxistisch orientierten »Humanismus« wissenschaftlich abzusichern (SCHAFF 1969a).
Ebenso hat Henri Lefebvre gegen den Ökonomismus auf die Notwendigkeit einer Anthropologie aufmerksam gemacht (SCHMIDT 1966: 154), die Vernachlässigung der »sciences de l'homme« beklagt und auf das Desiderat einer marxistisch orientierten »anthropologie générale« hingewiesen. Gleichzeitig hat er jedoch die Kritik an der »abstrakt-anthropologischen Interpretation« beibehalten und eine ausschließlich anthropologische Marxdeutung als »Reversbild der ontologischen« denunziert (SCHMIDT 1965: 143 f.).
Ansätze zur Ausarbeitung einer »kritischen humanistischen Anthropologie« (FETSCHER 1967) haben auch dazu geführt, daß die Diskussion um die marxistische Anthropologie heute zum Bestandteil des Wissenschaftsprogramms in den sozialistischen Ländern gehört und etwa in der UdSSR und in der DDR mit gleicher Intensität geführt wird (BALAKINA 1967; FLEISCHER 1967) wie in sozialistischen Ländern, die hier eine längere Tradition besitzen, z. B. Polen und die CSSR. Autoren aus den sozialistischen Ländern sind heute bei internationalen Diskussionen über anthropologische Themen eher überrepräsentiert (JANNE und BOLLE DE BAL 1969; PUBLICATIONS 1969) – eine Tendenz, die auf dem VII. Weltkongreß für Soziologie in Varna (Bulgarien) 1970 wieder sichtbar wurde.
Seit der von Marx und Engels in der »Deutschen Ideologie« an den »wahren Sozialisten« geübten Kritik galten anthropologisch orientierte Theorieansätze in den Sozialwissenschaften von vornherein als anti-marxistisch; wie im neukantianischen Sozialismus schien der »Verzicht auf die Geschichtsperspektive« mit einer »anthropologischen bzw. metaphysischen Restitution der Vernunft als Substanz« verbunden (SANDKÜHLER 1970: 42). Seit dem Jahre 1963 lassen sich aber innerhalb der marxistischen Philosophie – und zwar

der in den sozialistischen Ländern »akzeptierten« Philosophie – zwei Hauptschulen unterscheiden: eine *scientistische* und eine *anthropologische* (DAHM 1970: 13). Kritiker der anthropologischen Schule rechnen zu ihren Vorbildern und Vertretern u. a. Lukács, Gramsci, Sartre, Fromm, Bloch, Lefebvre und Herbert Marcuse – ein Konglomerat von Autoren, das keine stimmige Aussage über das Theorieverständnis der genannten Gruppe erlaubt und darüber hinaus vergessen läßt, daß auch nicht-revisionistische Autoren längst die Trennung der Scientisten von den Anthropologen unter den Marxisten nachvollzogen haben – wie etwa Bronisław Baczko in seinem 1962 in Warschau erschienenen Essay »Über den modernen Marxismus und die Horizonte der Philosophie«, in dem von zwei »Stilen des Denkens und der Thematisierung« der marxistischen Gegenwartsphilosophie die Rede war (17).

Man mag eine Parallele zum Marx-Revisionismus der Neukantianer darin sehen, daß auch die Diskussion über die Notwendigkeit und Berechtigung einer marxistischen Anthropologie in jüngster Zeit durch Versuche zum Entwurf einer materialistischen Wertethik geprägt wurde (TUGARINOV 1960, ARCHANGELSKI 1965, STOJANOVIC 1970). Der Unterschied liegt aber nicht zuletzt darin, daß heute der Entwurf einer marxistischen Anthropologie (und Ethik) sich nicht mehr an einer *philosophischen* Anthropologie orientiert, sondern diese eher auf Ergebnisse der naturwissenschaftlichen oder doch naturwissenschaftlich orientierten Fächer gründet.* Nur darum kann z. B. davon die Rede sein, daß die Ethik »eines der aussichtsreichsten und rasch wachsenden Forschungsgebiete innerhalb der philosophischen und soziologischen Wissenschaft in der UdSSR« ist (BALAKINA 1967: 49).

Zum Teil lassen sich Scientisten und Anthropologen der sozialistischen Länder schon bei institutioneller Betrachtung trennen – wenn man für Jugoslawien etwa an die Universitäten Belgrad und Zagreb denkt, von denen die erste, was den Marxismus betrifft, sich vorwiegend mit Fragen einer

* In der amerikanischen Debatte um eine ethische Fundierung der ethnologischen Anthropologie ist die Möglichkeit einer auf die Naturwissenschaft (science) gegründeten Ethik recht skeptisch betrachtet worden (JORGENSEN 1971).

Wissenschaftstheorie auf marxistischer Grundlage, die zweite vor allem mit dem Humanismus des jungen *und* des reifen Marx befaßt. Gliederungen dieser Art sind natürlich zu schematisch – immerhin lassen sie erkennen, daß die Trennung eines scientistischen von einem anthropologischen Marxismus keine beliebige Zuordnung zu sein, sondern auf grundlegenden Differenzen zu beruhen scheint. Dabei dürfen von vornherein die »Scientisten« keineswegs als »orthodox«, die »Anthropologen« als »kritisch« oder »revisionistisch« eingestuft werden. Vielmehr scheint es taktisches Prinzip der etablierten Parteibürokratie der sozialistischen Staaten zu sein, die eine wie die andere Richtung zu maßregeln, wie es etwa Seweryn Dziamski in seinem 1969 in Warschau erschienenen Artikel »›Scientisten‹ und ›Anthropologen‹ – Strittige Probleme der gegenwärtigen Richtungen in der marxistischen Philosophie in Polen« getan hat (Dziamski 1969; deutsch bei Dahm 1970: 176–197).

Unter »westlichen« marxistischen Philosophen und Sozialwissenschaftlern ist die »anthropologische Renaissance« nicht zuletzt von dem schärfsten und entschiedensten Angriff auf Konstruktionsversuche eines marxistischen Humanismus und einer marxistischen Anthropologie, den Louis Althusser vorgetragen hat, provoziert worden (Althusser und Balibar 1968; Althusser 1968). Indem Althusser gegen *jede* aus dem Marxismus abgeleitete oder mit ihm kompatibel zu sein beanspruchende Anthropologie polemisierte und den Marxismus als theoretischen Anti-Humanismus interpretierte (Literatur zur Althusser-Kritik: Lepenies 1970), trug er entschieden zu Versuchen bei, aufs neue und durchaus in nicht-revisionistischer Manier eine marxistische Anthropologie zu begründen. In einer auf Marx sich berufenden theoretischen Anthropologie oder in einem theoretischen Humanismus sah Althusser nichts als ein Denkmal prämarxistischer Ideologie, »das die wirkliche Geschichte belasten würde und Gefahr liefe, sie in Sackgassen zu ziehen« (Althusser 1968: 179).

Aber Althusser konnte nicht verhindern, daß im Rahmen einer von der Kommunistischen Partei Frankreichs selbst abgesteckten und tolerierten Diskussion – trotz des Parteiausschlusses von Roger Garaudy – Projekte sich verwirklichten wie Lucien Sèves gewiß vorläufige aber doch entschieden und selbstbewußt als marxistisch deklarierte »Théorie de la per-

sonnalité« (SEVE 1969). Sève scheint direkt an Max Adler anzuschließen, wenn er auf die Vernachlässigung der Psychologie durch die Marxisten hinweist und die Notwendigkeit betont, »la conception marxiste de l'homme« zu erarbeiten. Entscheidend wird dabei, daß diese anthropologische Konzeption die Marxschen Frühschriften – wie es etwa Althusser tut, der in ihnen nur die *Ideologie* des jungen Marx zu erblicken vermag – zwar nicht verwirft, sie aber – als den »weichen Punkt« in der Marxschen Theorie – auch nicht in den Mittelpunkt rückt, sondern darauf verweist, daß gerade in den Werken des späten Marx, vor allem aber in den »Grundrissen« von 1857/58, der Keim zu einer nicht-spekulativen Anthropologie enthalten sei. Die überzeugendste Kritik an Althusser, von Marxisten und Nichtmarxisten – wie Raymond Aron – geübt, besteht darin, die Rolle der »Grundrisse« hervorzuheben, die Althusser wohlweislich vernachlässigt, um sich auf Marxsche Publikationen wie die Randglossen zu Wagners »Lehrbuch der politischen Ökonomie« zu stützen (LEPENIES 1970: 185 f.). Sève begründet seine marxistisch orientierte Persönlichkeitstheorie, Prolegomenon zu einer marxistischen Psychologie und Anthropologie, nicht zuletzt mit einer scharfen Kritik an Althusser: »Die Existenz einer fundamentalen theoretischen Verbindung zwischen einer Wissenschaft der sozialen Beziehungen und einer Wissenschaft, die von den realen Menschen handelt, zwischen dem Historischen Materialismus und einer wissenschaftlichen Anthropologie, ist notwendigerweise ein Kernpunkt des Marxismus selbst, und die Aufgabe, die sich uns stellt, ist es, diese Verbindung im Marxismus zu entziffern und sie korrekt *weiterzuentwickeln*« (SEVE 1969: 101 f.).
Der bisher schärfste Angriff auf eine marxistisch orientierte Anthropologie ist so zum Wegbereiter eines entschiedenen Versuchs geworden, eine Konzeption der »sciences de l'homme« auf den Marxismus zu begründen.

Die bisher gegebenen Hinweise auf eine Renaissance anthropologischer Fragestellungen waren eher *dogmengeschichtlich* orientiert, sie bezogen sich auf die Entwicklung und den Stand der anthropologischen Disziplinen unter sozialwissenschaftlichem Aspekt. Im folgenden gebe ich kurze Hinweise auf die Bedeutung anthropologischer Theoreme in bestimten *Problembereichen;* dabei kann es sich natürlich nur um eine Auswahl handeln, u. a. werden Gebiete wie Psychoanalyse, Ethologie und Pädagogik (ROTH 1966/71) – als implizit anthropologisch orientiert – aus der Betrachtung ausgeklammert.

Am deutlichsten läßt sich die Relevanz anthropologischer Fragestellungen für die *Sozialisationstheorie* zeigen, auch und gerade dann, wenn man von der gesellschaftlichen Determiniertheit der Sozialisationsprozesse ausgeht. Bereits heute läßt sich aus Erfahrungen schließen, wie nachteilig die praktischen Folgen sozialisationstheoretischer Überlegungen gewesen sind, die von der Idee einer völligen Offenheit und Plastizität des Menschen und damit auch seiner totalen gesellschaftlichen Formbarkeit ausgingen. Es läßt sich zeigen, daß etwa Versuche, Unterschiede schichtenspezifischer Sozialisation mit ihren weitreichenden individuellen und gesellschaftlichen Folgen durch gesellschaftspolitische Maßnahmen einzuebnen, von einer anthropologisch unterbauten Sozialisationstheorie nicht verhindert, sondern eher realitätsadäquater und damit letztlich wirkungsvoller gestaltet werden. Dabei bleibt darauf hinzuweisen, daß die Berufung auf Plastizität und Offenheit *des* Menschen an sich kein progressives Moment darstellt – dies ist u. a. eine Prämisse der Gehlenschen Anthropologie und der aus ihr abgeleiteten Institutionentheorie in konservativer Absicht.

Sozialisationstheorien basieren meist unausgesprochen auf einer Anthropologie, die explizit spätestens bei der Diskussion bildungs*politischer* Fragen wird (HABERMAS 1961).* Notwendig ist daher eine theoretische Klarlegung der in die Sozialisationstheorien eingegangenen anthropologischen Prämissen – das bedeutet noch kein Plädoyer für eine anthropologische *Fundierung* sozialisationstheoretischer Ansätze. Soll nämlich heute eine Theorie der Sozialisation, d. h. »eine *alle* am Prozeß des Aufwachsens des Menschen beteiligten Faktoren umfassende Erziehungstheorie anthropologisch unterbaut werden, so ist zweckmäßigerweise vorsichtig zu verfahren, – auch wenn der politische, sich ›emanzipatorisch‹ oder

* Der bayerische Kultusminister Hans Maier begründete seine Opposition gegen die Bildungspolitik der SPD/FDP Regierung u. a. mit der Auffassung, die Basis der Bildungsplanung sei nicht nur Statistik, »sondern in erster Linie Politik, ja Anthropologie«. *Die Zeit*, 6. 8. 1971.

›progressiv‹ verstehende Impetus, der Drang zu unmittelbar durchzusetzendem Gerechtigkeitsstreben, groß ist« (CLAESSENS 1971: 4). Als »Korrektiv« vermag hier der Beitrag der ethnologischen und biologischen Anthropologie zur Sozialisationsforschung zu wirken. Claessens z. B. hat in seiner Darstellung anthropologischer Voraussetzungen einer Theorie der Sozialisation auf die Untersuchungen Counts zu den Gesellungsprinzipien der Wirbeltiere (Biogramm) zurückgegriffen (COUNT 1970) und diesen Ansatz unter sozialisationsrelevantem Aspekt – bei Aufzeigung seiner ideologischen »Fallen« – für eine anthropologische Analyse nutzbar gemacht. Im Mittelpunkt des Versuchs, den Anschluß des Menschen an seine evolutionären Vorgänger aufzunehmen, steht dabei der Begriff der *Kompetenz**, »von Dispositionen, Bedürfnissen, Fähigkeiten zur Stillung von Bedürfnissen und daraus *entwickelbaren Fertigkeiten*; d. h. von anthropologischen (evolutionären) *Vorgaben* und ihrer *Verwirklichung* durch *Lernangebote*« (CLAESSENS 1971: 12; dazu SMITH 1968).

* Der Begriff der Kompetenz ist bereits in vielfältiger Weise an den Nahtstellen anthropologischer und soziologischer Argumentation benutzt worden. Ich verweise summarisch hier nur auf den Ansatz Chomskys (s. S. 33 f.), auf den Zusammenhang von Identität und interpersonaler Kompetenz (FOOTE und COTTRELL 1955), auf den Versuch von Habermas zur Kritik des Chomskyschen Begriffs der »linguistischen Kompetenz« und seiner Weiterführung im Konzept der »kommunikativen Kompetenz« (HABERMAS 1970b und 1970c), auf den Vorschlag, die Fruchtbarkeit von Ansätzen der generativen Grammatik im Bereich der Kulturanthropologie zu testen (GÖHRING 1967) und eine Kritik differierender aggressionstheoretischer Annahmen durch Rekurs auf ein Theorem der Aggressivitätskompetenz (NOLTE 1971). Die Spannweite der Verwendung läßt sich andeuten, wenn man einerseits darauf hinweist, daß heute die Fähigkeit der Gene, »die Potenz der Zelle (zu) kontrollieren, das heißt ihre Fähigkeit, auf einen morphogenetischen Reiz zu reagieren«, als »Kompetenz« der Gene bezeichnet wird (CASPARI 1969: 38), andererseits einen so »anthropologiefernen« Kompetenzbegriff erwähnt wie den von Marvin B. Sussman verwendeten (SUSSMAN 1970). In folgender Beschreibung wird dagegen die anthropologische Relevanz des Kompetenz-Begriffs sehr deutlich: »Das entscheidende Argument für die Etablierung des Begriffs der Kompetenz stellt die Tatsache dar, daß die Fähigkeit zu bestimmten sprachlichen oder sozialen Aktualisierungen nicht durch die Reproduktion einer Kollektion von durch Erfahrung aufgenommenen Data bestimmt sein kann. Der Nachweis, daß diese Kollektion nicht zur Kompetenz führen kann, ergibt sich aus der Tatsache der Neuheit von sprachlichen wie auch sozialen Tatbeständen ...« (HARTIG und KURZ 1971: 115).

Claessens orientiert seine anthropologischen Vorüberlegungen zur Sozialisationstheorie an der Geselligkeitstendenz, der Sexualkompetenz und der Sprachkompetenz. Die Gefahr derartiger »Kompetenz«-Annahmen liegt auf der Hand: sie sind zum einen nur schwer »beweisbar«, zum anderen mit Leichtigkeit auszuweiten, so daß endlich wieder die monströse Vielfalt eines Instinktkatalogs à la Mac Dougall sich ergibt. Diese Gefahr ist heute, bei einer näher an den Naturwissenschaften sich orientierenden Anthropologie, im Bereich soziologischer Kompetenz-Begriffe gegeben, vor allem dann, wenn sie aus methodologischen Überlegungen – zum Zweck des interkulturellen Vergleichs (Sussman 1970) etwa – eher angenommen als nachgewiesen werden. Ohnehin scheint der Versuch, Probleme des interkulturellen Vergleichs in sozialisationstheoretisch relevanten Bereichen vorwiegend als methodologische Probleme darzustellen, verkürzt (Safilios Rothschild 1970).
Der Vorschlag, den Bereich der anthropologisch – im Hinblick auf eine Sozialisationstheorie – relevanten »Kompetenzen« auf Geselligkeits-, Sprach- und Sexualkompetenz einzugrenzen, bietet den Vorteil, neben einer relativ guten Nachweisbarkeit der einzelnen »Kompetenzen« zumindest Ansätze zu ihrer theoretischen Weiterentwicklung in der Marxschen Theorie bereits vor Augen zu haben. Damit soll noch nicht die Berechtigung des Ansatzes behauptet werden, sondern nur sein relativ entfalteter Hypothesen-Status, der Chancen zur Falsifikation bietet. In der »Deutschen Ideologie« haben Marx und Engels auf ein, auch anthropologisch, entscheidendes Moment menschlicher Geschichte, die *Bedürfnisproduktion,* hingewiesen. In glücklicher Weise faßt dieser Begriff Anthropologie (Bedürfnis) und Geschichte (Produktion) zusammen. Die Erzeugung der Mittel zur Befriedigung der Bedürfnisse ist von der Erzeugung neuer Bedürfnisse gar nicht zu trennen: hier liegt die erste geschichtliche Tat vor uns (Marx und Engels 1962: 37 ff., 70 ff.). Materielle Produktion als Bedürfnisproduktion ist mit Kommunikation untrennbar verbunden, genuine Momente der Produktion und Reproduktion sind ferner die des eigenen Lebens in der Arbeit, des fremden in der Zeugung. In einem solchen, freilich noch kaum entfalteten, Zusammenhang von materieller Produktion und Bedürfnisproduktion erkennt

man Geselligkeits-, Sexualitäts- und Sprachkompetenz wieder. Mit diesem Zusammenhang ist eine mögliche Sozialisationstheorie der *Gattung* angedeutet, die auf die Sozialisation der Gattungs*exemplare* unter wechselnden gesellschaftlichen Verhältnissen zu übertragen wäre: Lebens- und Gattungsgeschichte verliefen nicht kongruent, wären aber nur durcheinander erklärbar.

Ebenso verhielte es sich mit Anthropologie und Geschichte: Claessens hat den Einwand, der Begriff der Kompetenz ziele auf eine ahistorische Anthropologie, zurückgewiesen: »Dieser Einwand berücksichtigt ... nicht, daß das Schwergewicht bei der Definition des ›Menschen‹ auf der *Verwirklichung* der Kompetenzen liegt! In und mit ihr wird er zwar Mensch; aber damit hat sich dies Wesen auch eingehandelt, daß es alle weiteren, es fördernden und auch *hemmenden* Verwirklichungsmöglichkeiten *selbst macht.* Der Begriff ›Kompetenz‹ wird damit – das *muß* bei dialektischer Analyse zwangsläufig geschehen – aus seinem ahistorischen Rahmen gerissen, er wird *historisch*« (Claessens 1971: 31).

Eine Theorie der Sozialisation auf anthropologischer Grundlage »muß daher zu allererst die Quellen der Behinderung einer Entfaltung der *Kompetenzen* im Auge haben, bevor sie sich abstrakten Verwirklichungschancen zuwendet. Denn ›Verwirklichung‹ heißt zuerst Unterstützung der *Entfaltung* der Kompetenzen, dann erst *deren* Verwirklichung.

Die Quellen der Behinderung der Entwicklung von Kompetenzen sind aber – von individueller mangelhafter konstitutioneller Ausstattung abgesehen – gesellschaftliche, – genauso wie die Hindernisse, die sich deren Verwirklichung entgegenstellen« (Claessens 1971: 32).

Aus der Notwendigkeit einer anthropologischen Absicherung sozialisationstheoretischer Aussagen folgt zumindest *mittelbar* die Bedeutung anthropologischer Fragestellungen auch für die *Familiensoziologie* (Claessens 1967; Claessens und Menne 1970) – selbst wenn man dem Vorschlag zustimmt, hier nunmehr »das Studium der Variationen« gegenüber der Suche nach Invarianzen in den Vordergrund zu rücken (Stolte Heiskanen 1970) oder letztere ganz aufzugeben (Hill 1970: 71). Wenn es auch sicher richtig ist, nicht länger von der Annahme auszugehen, daß die Universalität familialer Funktionen direkt universalen Bedürfnissen entspricht,

ist nur schwer die Aufstellung eines allgemeinen Hypothesenkranzes für die Familiensoziologie, »der sowohl gesellschaftliche Bezugsrahmen als auch solche der Persönlichkeit sinnvoll miteinander verbindet« (91), ohne eine Einbeziehung anthropologischer Theoreme denkbar. Es erscheint daher nicht zufällig, gerade in einer Arbeit, die sich mit der Familie als Bezugsrahmen für die Schizophrenieforschung beschäftigt, folgende Forderung zu finden: »Was not tut, ist nicht weniger als eine Gesamtauffassung vom Menschen, ein Bezugsrahmen, der es uns ermöglicht, die notwendigen Zusammenhänge zwischen Zelle und Psyche und vielleicht auch zwischen der Psyche und jener Entität zu verstehen, die wir als Seele kennen« (Bowen 1969: 183).
Im folgenden kann ich nur kurz auf andere Theorie-Ansätze hinweisen, in denen eine Einbeziehung anthropologischer Fragestellungen (wieder) notwendig erscheint. *Theorien der Zivilisation* lassen sich geradezu durch die Verbindung historischer und anthropologischer Ansätze charakterisieren (Mauss 1929; Elias 1969; Elias 1970) – wenn damit auch die Gefahr nicht ausgeschlossen ist, zum Beispiel eine »eurozentrische« Anthropologie und eine europazentrierte Historiographie einander zuzuordnen. Ist dies der Fall, so läßt sich kaum ein Fortschritt der Wissenschaft gegenüber jener Bulle Papst Paul III. vom 2. Juli 1537 feststellen, in denen die nordamerikanischen Indianer als »veri homines« nur deshalb bezeichnet werden konnten, weil sie »fidei catholicae et sacramentorum capaces« erschienen, ihr Menschsein also von einer virtuellen Katholizität abhängig gemacht wurde (Mühlmann 1964: 19).
Die Kritik eurozentrischer Zivilisationstheorien (Ribeiro 1968; Ribeiro 1970; Sonntag 1971) wird daher zu einer Kritik der Historiographie wie einer mit ihr verbundenen, ausdrücklich formulierten oder in ihr verborgenen Anthropologie. Progressivität muß dann durchaus nicht auf der aufklärerischen Überzeugung von der letztlich invarianten und überall anzutreffenden Menschennatur begründet sein, sondern kann ebenso auf der Konstatierung und auch Akzeptierung der Vielfalt kultureller Variationen beruhen (Levi-Strauss 1952).
Institutionentheorien (Kammler 1968; Schelsky 1970b) sind von Rückgriffen oder Absetzungen anthropologischen

Ansätzen gegenüber gar nicht zu trennen, ebensowenig wie *rechtssoziologische* Konstrukte (SCHELSKY und MAIHOFER 1970).

Gewachsen ist die Reflexion auf anthropologische Fundierungsmöglichkeiten soziologischer Partialtheorien auch durch den zunehmenden Einfluß *linguistischer,* im engeren Sinne psycho- und soziolinguistischer Fragestellungen. Dabei besteht nach wie vor über die Spezifika tierischen Kommunikationsverhaltens und über die Frage, ob sich prinzipiell eine Reihe zunehmender kommunikativer Fähigkeiten in Richtung auf den nur beim Menschen feststellbaren symbolischen Sprachgebrauch von den Protozoen bis hin zum homo sapiens aufstellen lasse, durchaus keine Einmütigkeit. Was die letztgenannte Frage angeht, so befinden sich unterdes die Anhänger einer Theorie des graduellen Übergangs von der tierischen zur menschlichen Kommunikation in der Minderzahl. Behavioristen wie B. F. Skinner (SKINNER 1957; zur Kritik daran CHOMSKY 1959) aber auch K. R. Popper (CHOMSKY 1970: 112 f.) gehören dazu.

Damit ist freilich die Notwendigkeit einer Analyse der anthropologischen Vorgegebenheiten menschlicher Kommunikations-, d. h., vor allem Sprach*fähigkeit,* nicht hinfällig, und wenn hier auch vor allem von biologischer Anthropologie die Rede ist, sei bereits jetzt auf die Bedeutung der ethnologischen Anthropologie für die Sprachdiskussion hingewiesen (siehe später S. 56 f.).

Noam Chomsky, der theoretische Annahmen eines stufenlosen Übergangs kommunikativer Verhaltensmöglichkeiten bis zum Menschen hin – Auffasssungen, für die etwa, wie erwähnt, B. F. SKINNER repräsentativ ist – überzeugend kritisiert hat, indem er auf die Fehler, Ungenauigkeiten und ideologische Vorbelastetheit der Versuche hinwies, eine Art Evolutionsreihe kommunikativen Verhaltens zu entwickeln, hat es als sein Ziel bezeichnet, »die Untersuchung der Sprachstruktur als ein Kapitel der Humanpsychologie zu entwikkeln« (CHOMSKY 1970: 111). Darauf kann ich nicht näher eingehen, nicht unterschlagen will ich aber den Hinweis darauf, daß es sich bei den theoretischen Überlegungen, die Chomsky in dieser Frage seine entschiedene Gegenposition zu den Behavioristen beziehen lassen, nur um den vorläufigen Finalpunkt einer auf eine lange Geschichte zurück-

blickenden Sprachtheorie handelt. Chomsky seinerseits weist z. B. auf Descartes hin, der »selbst sehr richtig feststellte«, die Sprache sei »ein artspezifischer menschlicher Besitz ... noch bei niedrigsten Intelligenzgraden, bei pathologischen Fällen, stellen wir eine Sprachbeherrschung fest, die ein Affe überhaupt nicht erreichen kann, der in anderer Hinsicht, in seiner Fähigkeit, Probleme zu lösen, und in anderem adaptivem Verhalten, einem menschlichen Schwachsinnigen überlegen sein mag« (CHOMSKY 1970: 25; zum Rekurs auf Descartes vgl. CHOMSKY 1966).
Chomsky orientiert sich an drei Beobachtungen im Zusammenhang mit dem »kreativen« bzw. »produktiven« Aspekt des Sprachgebrauchs. »Die erste ist, daß der normale Gebrauch der Sprache in dem Sinne produktiv ist, daß vieles von dem, was wir bei normalem Sprachgebrauch sagen, gänzlich neu ist, daß es sich nicht um eine Wiederholung von irgend etwas handelt, das wir zuvor gehört haben, und daß es noch nicht einmal Sätzen oder Texten, die wir in der Vergangenheit gehört haben, im *pattern* ähnlich ist – in irgendeiner sinnvollen Verwendung der Begriffe ›*pattern*‹ und ›ähnlich‹. Das ist eine Binsenwahrheit, allerdings eine entscheidende, die häufig übersehen wird, und die in der behavioristischen Phase der Linguistik ... nicht selten geleugnet wurde, da man fast gemeinhin annahm, daß die Sprachkenntnis eines Menschen als eine gespeicherte Menge von *patterns* repräsentiert wird, erlernt durch ständige Wiederholung und eingehendes Training, wobei Neuerungen allenfalls eine Sache von ›Analogien‹ seien. Tatsache ist demgegenüber jedoch sicherlich, daß die Zahl der Sätze, die man in seiner Muttersprache unverzüglich, ohne Schwierigkeiten oder Befremden zu empfinden, verstehen wird, astronomisch hoch ist; und daß die Zahl der *patterns*, die unserem normalen Sprachgebrauch zugrunde liegen und sinnvollen und leicht verständlichen Sätzen in unserer Sprache korrespondieren, in der Größenordnung weit höher liegt als die Anzahl der Sekunden während einer Lebensdauer. Genau in diesem Sinne ist der normale Sprachgebrauch produktiv.« (CHOMSKY 1970: 27).
Der erfolgversprechendste Versuch zur Lösung dieser Probleme – ein Ansatz, der eine Reihe von Vorläufern, etwa W. v. Humboldt (1767–1835), besitzt – scheint für Chomsky

darin zu bestehen, »die Phänomene der Sprache und der mentalen Aktivität so genau wie möglich zu beschreiben und zu versuchen, ein abstraktes theoretisches Modell zu entwickeln, das soweit wie möglich diese Phänomene erklärt und die Prinzipien ihrer Organisation und Funktionsweise aufdeckt, ohne dabei – zumindest zum gegenwärtigen Zeitpunkt – den Versuch zu machen, die postulierten mentalen Strukturen und Prozesse in Relation zu irgendwelchen physiologischen Mechanismen zu setzen oder die mentale Funktion im Rekurs auf ›physikalische Ursachen‹ zu interpretieren« (CHOMSKY 1970: 30). Es geht um die »Konstruktion einer Theorie der Spracherlernung, einer Erklärung der spezifischen angeborenen Fähigkeiten, die diese Leistung ermöglichen« (CHOMSKY 1969: 43), wobei der Terminus Theorie (= Sprachtheorie) »sowohl für die angeborene Prädisposition des Kindes, eine Sprache zu erlernen ..., wie auch für den linguistischen Zugang zur Beschreibung dieses Gegenstandes« (CHOMSKY 1969: 41) steht.

Daß es sich bei der Suche nach der »language-forming capacity« (CHOMSKY 1969: 47), der *Sprachkompetenz*, auch um ein anthropologisches Problem handelt, dürfte durch die Verwendung des Begriffs »angeborene Prädisposition« deutlich geworden sein. Chomsky nähert sich daher in seiner eigenen Argumentation – auch wenn diese nicht völlig seiner Forschungs*strategie* entspricht – der typischen Form jeder anthropologisch orientierten Fragestellung: »Die Struktur der einzelnen Sprachen kann weitgehend bestimmt sein durch Faktoren, die sich bewußter Kontrolle durch das Individuum entziehen und *für die die Gesellschaft wenig Wahlfreiheit hat«* (CHOMSKY 1969: 82/83; Hervorhebungen W. L.).

Trotz der vorhin genannten Einschränkungen, die sich vor allem vom Stand der linguistischen Forschungspraxis herleiten und trotz des Zugeständnisses, »daß wir heute noch ebensoweit wie Descartes vor dreihundert Jahren davon entfernt sind, zu verstehen, was einen Menschen befähigt, auf eine Art und Weise zu sprechen, die produktiv, frei von einer Regelung durch Stimuli und zugleich kohärent und angemessen ist«, sieht Chomsky hier vor allem eine Aufgabenstellung für Psychologie und Biologie (CHOMSKY 1970: 28). Die Untersuchung der Natur der menschlichen Sprachfähigkeit muß auf eine »natürliche Organisation« zurückgeführt werden, »die determiniert, was als sprachliche Erfahrung zu gelten hat und welche Sprachkenntnis auf der Basis dieser Erfahrung möglich ist« (CHOMSKY 1970: 50).

Die Suche nach einer Hypothese über die »Initialstruktur«, die reich genug ist, um zu erklären, wie das Kind eine spezifische Grammatik konstruiert, hingegen nicht reich genug, um durch die bekannte Verschiedenartigkeit der Sprachen falsifiziert zu werden (CHOMSKY 1970: 142), scheint in Ergebnissen der Biologie – dabei verweist Chomsky vor allem auf die Arbeiten Lennebergs (CHOMSKY 1970: 153) –, in Ansätzen der komparativen Ethologie sowie der experimentellen und physiologischen Psychologie (CHOMSKY 1970: 154) – etwa der Suche nach »den Prinzipien der Nervenorganisation« (CHOMSKY 1969: 82) – einen wertvollen Anhaltspunkt zu finden.

Durch diese letzte, forschungsstrategisch wichtige Bemerkung bietet sich in der Behandlung des Phänomens Sprache im Rahmen einer »biologischen Anthropologie« der Übergang von der »komparativen Ethologie« zur physiologischen Psychologie und Biologie an, d. h. zu Fragen nach den biologischen Voraussetzungen menschlicher Sprachfähigkeit. Dabei kann gesagt werden, »daß die genetische Ausstattung eines menschlichen Wesens qua menschliches Wesen das einzige invariante Merkmal in Kontexten der Spracherwerbung ist, durch das sich kausal erklären läßt, wie Kinder, die noch nicht sprechen können, sich eine erfolgreiche Internalisierung von Sprachen erwerben können, die die in der Sprachtheorie beschriebenen universalen Eigenschaften besitzen« (KATZ 1969: 246). Noch deutlicher wird die *anthropologische* Fragestellung, wenn Jerrold J. Katz darauf hinweist, bei der Suche nach den begründenden Prinzipien der menschlichen Sprachfähigkeit handele es sich um die Suche nach »eine(r) Komponente ihrer spezifisch menschlichen Natur«.

Eric H. Lenneberg, der die vielleicht wichtigsten Untersuchungen und Theorie-Ansätze zur biologischen Grundlegung des Sprachverhaltens vorgelegt hat, beurteilt den bisherigen Beitrag der vergleichenden Kommunikationsforschung – wobei tierisches und menschliches Kommunikationsverhalten miteinander verglichen werden – für dieses Vorhaben skeptisch, die komparative Ethologie sei über einen »allgemeinen und etwas vagen« Vergleich (Lenneberg 1967a: 65) bisher nicht hinausgekommen. Lenneberg bejaht stattdessen die Frage, ob »die biologische Ausstattung des Menschen die Einzigartigkeit der menschlichen Kommunikation ermöglicht« (vgl. Woodger 1952).

Es wäre eine zu grobe Vereinfachung, von der Tatsache einer auch unter Linguisten immer deutlicher sichtbar werdenden und allgemein anerkannten Notwendigkeit zur interdisziplinären Zusammenarbeit vor allem mit Psychologen und Sozialwissenschaftlern auf eine generelle Relevanz anthropologischer Ansätze im Bereich der Psycho- und Soziolinguistik zu schließen. Wichtig ist vielmehr der Hinweis darauf, daß etwa die Relevanz der anthropologischen Fragestellung in den Arbeiten Chomskys im wesentlichen auf den Bereich der Sprach*kompetenz* eingeschränkt bleibt, zu der sich die Sprach*performanz* nur akzidentell verhält.

Demgegenüber bezieht sich eine generelle *Performanztheorie* in einem viel umfassenderen Sinne auf anthropologische Theoreme (Hartig und Kurz 1971: 108), wie sich u. a. in dem von Dell H. Hymes gemachten Vorschlag zeigt, über die Suche nach den sprachlichen Universalien hinaus deren mögliche Fundierung oder, neutraler ausgedrückt, Verbindung mit »interactional universals« aufzuzeigen. Auf der Grundlage einer angenommenen Strukturähnlichkeit zwischen Soziologie und Linguistik werden in einer derartigen generellen Performanztheorie sprachliche und soziale Kompetenz, sprachliche und soziale Performanz miteinander verglichen, wobei besonders die Bedeutung von Verhaltensforschung und Biologie für einen solchen, nur interdisziplinär denkbaren, Ansatz herausgestellt wird. Denn unter sozialer Kompetenz wird ein innerliches Regelsystem verstanden, »das jeglichem sozialen Handeln zugrunde liegt. Wir müßten also das Regelsystem beschreiben, das den Menschen befähigt, sich zu anderen Individuen geordnet zu verhalten, also sozial zu existieren. Ein solches Regelsystem kann nicht die Soziologie allein liefern, es muß auch aus Nachbardisziplinen bestimmt werden« (114). Die Schwierigkeit liegt freilich darin, daß in der Linguistik eine theoretische Konzentration auf der Kompetenz-, im Bereich der Soziologie auf der Performanzebene vorherrscht. Der Ansatz, zur Lösung des Universalienproblems – wobei betont werden muß, daß die Konstatierung von Universalien keinen Apriorismus zur Folge hat – auch auf anthropologische Ansätze zurückzugreifen, ist als *ein* Versuch zu verstehen, diese Unterschiede der theoretischen Schwerpunktbildung integrativ zu überwinden.

Die bisher genannten Beispiele eines Wiederauflebens anthropologischer Fragestellungen in (nicht nur) soziologischen Teildisziplinen sind von unterschiedlicher Relevanz und bedürften eines genaueren Gegeneinanderabwägens, um über den heutigen Stellenwert der Anthropologie für die Sozialwissenschaften Definitiveres auszusagen. Mir scheint die Bedeutung eines Rückgriffs auf Anthropologie dort am überzeugendsten zu sein, wo er vielleicht am überraschendsten erfolgte: im Bereich der *Historie*.

Wenn dafür plädiert wird, die Anthropologie, »sei sie philosophischer, sei sie ethnologisch-soziologischer Provenienz« (NIPPERDEY 1967: 350), in die Historiographie aufzunehmen, nicht um »die historischen Fragen in die Anthropologie, sondern die anthropologischen Fragen in die Geschichtswissenschaft (zu) integrieren« (350), so handelt es sich um ein neuartiges und folgenreiches Programm interdisziplinärer Zusammenarbeit, das vor allem auf eine Ergänzung der Sozialgeschichte durch eine historische Anthropologie abzielt (NIPPERDEY 1968).

Die Möglichkeit einer solchen Zusammenarbeit hat für die Geschichtswissenschaft nach Nipperdey der Historismus geboten – freilich nur in dem Sinne, daß erst die *Krise des Historismus* eine Verbindung der Geschichtswissenschaft mit anthropologischen Disziplinen notwendig erscheinen ließ (KOSELLECK 1971). Wenn Nipperdey dafür plädiert, eher die anthropologischen Fragen in die Geschichtswissenschaft als die historischen Fragen in die Anthropologie zu integrieren, so ist diese Programmatik aus der Sicht eines Historikers verständlich. Eine historische Anthropologie würde zum Beispiel nach »dem Auftreten neuer anthropologischer Kategorien in bestimmten Zeitaltern und den Gründen und Bedingungen dafür fragen«. Eine solche Fragestellung verweist auf das Desiderat einer *Geschichte der Bedürfnisse* im Zusammenhang mit der Veränderung der Produktivkräfte. Ein solches Programm ist der Aufklärung verpflichtet – »Aufklärung in allen Ständen besteht eigentlich *in richtigen Begriffen von unsern wesentlichen Bedürfnissen*« (Lichtenberg) – und hier scheinen mir eher die genuinen Aufgaben einer historischen Anthropologie zu liegen, als in dem Vorschlag, »Bemerkungen von anthropologischer Relevanz« etwa in der »Bedeutung des Ruhmes als Motiv politischen Handelns« zu sehen (NIPPERDEY 1967: 355) oder zu glauben, »die Bedeutung der (marxistischen) Doktrin gerade für die deutsche Arbeiterschaft (führe) auf die Frage nach den anthropologischen Voraussetzungen dieses Tatbestandes« (364). Der erste Themenbereich gehört in den Bereich der politischen Essayistik und dürfte auf längere Zeit kaum adäquater behandelt werden als La Rochefoucauld und Chamfort es bereits getan haben, der zweite Themenvorschlag bedeutet nicht nur eine radikale Aufhebung der politökonomischen Fragestellung, sondern ist der paradoxe Ausdruck einer von einem Historiker selbst propagierten Abdankung der Historie gegenüber der Anthropologie, die zudem unweigerlich zu einer politischen Motivationsanalyse eines solchen Vorschlags führen muß.

Weniger in solchen Programmen rechtfertigt sich der Vorschlag zur Erarbeitung einer historischen Anthropologie, als aus der Notwendigkeit interdisziplinärer Zusammenarbeit zwischen Historiographie und Sozialwissenschaften und einer Stärkung des historischen Bewußtseins nach einer langen Phase der Enthistorisierung in den sozialwissenschaftlichen Disziplinen. Die Relevanz der anthropologischen Fragestellung wird besonders deutlich, wenn sie als exemplarisch für eine Zusammenarbeit zwischen Historiographie und Sozialwissenschaften erscheint: »Sowie wir uns über unsere theoretischen Prämissen klar sind, wird sich zeigen, wie eng wir in die Sozialwissenschaften verhaftet sind. Und das kann dann nicht ohne Rückwirkungen auf unsere Forschungspraxis bleiben. So ist es beispielsweise erforderlich, eine historische Anthropologie zu entwickeln ...« (KOSELLECK 1971: 16), »Strukturen einer geschichtlichen Epoche in ihrer anthropologischen Verfaßtheit« (KOSELLECK 1969: VII) aufzuzeigen. Kritisch zu überprüfen bleibt an dem Vorschlag Reinhart Kosellecks freilich der Hinweis auf Foucault und van den Berg, in deren Arbeiten er eine solche historische Anthropologie bereits zu erblicken können glaubt. Beide le-

gen eine historisch fixierte Anthropologie vor, eine Verknüpfung von Anthropologie und Historiographie, die letztlich auf einer sublimen Enthistorisierung der Anthropologie beruht und es nicht gestattet, die *Transformation* anthropologischer Tatbestände – und darin eingeschlossen »anthropologischer Ideologien« – möglichst prozeßhaft darzustellen. Ansätze, wie sie sich in der »neuen Geschichtswissenschaft« der »Annales« (zur Übersicht BORN 1964 und WÜSTEMEYER 1967) zeigen, die auf eine Integration der Historiographie in die »sciences de l'homme« angelegt sind, erweisen sich – auch unter institutionellen Gesichtspunkten – als fruchtbarer.
In diesem Zusammenhang erscheint folgende allgemeinere Überlegung nützlich: Das Interesse der Soziologie an der Geschichte wie das Interesse der Geschichte an der Soziologie beruht – wobei eine ebenfalls möglich erscheinende Strategie der Fixierung von Differenzen außer acht gelassen werden soll – auf einer »Selbstkritik« beider Disziplinen. Den »externen« Beeinflussungen (CANGUILHEM 1970: 15), denen sie unterliegen, können Geschichtsschreibung wie Soziologie nur durch eine wechselseitige Ideologiekritik zu entgehen hoffen: zu einer solchen wird die Historiographie der Soziologie ebenso zwingend wie eine (Wissens-)Soziologie der Geschichtswissenschaft. Würden Soziologie wie Historiographie sich aber auf ein solches »chassé-croisé« wechselseitiger »Aufklärung« beschränken, bliebe die angestrebte Autokritik Stückwerk und damit wirkungslos. Die »Selbstkritik« der beiden Disziplinen vermag nur durch die Einbeziehung einer dritten: der Anthropologie, erfolgreich zu sein, der *biologischen*, weil die Möglichkeit historisch unveränderbarer Determinanten des Geschichtsprozesses nicht dogmatisch verneint werden kann, der *ethnologischen*, weil es darauf ankommt, neben der gesellschaftlichen und zeitlichen Bedingtheit der Theorie-Bildung auch die räumlich-kulturelle zu berücksichtigen. Alle »sciences de l'homme« sind in diesem Sinne, wenden sie die Prinzipien wissenschaftlicher Kritik auf ihre eigene Organisations-, Lehr- und Forschungspraxis an, auf einen Zusammenhang von Soziologie, Historiographie und (biologischer und ethnologischer) Anthropologie zwingend angewiesen.
Wenn man auch der Auffassung zustimmen muß, daß wir noch »keinen integrierenden anthropologischen Ansatz« besitzen (v. WEIZSÄCKER 1971: 28), so haben die vorhergehenden

Bemerkungen doch deutlich machen wollen, daß die Notwendigkeit, auf einen solchen Ansatz hinzuarbeiten, in vielen, vor allem in den sozialwissenschaftlichen Disziplinen deutlich erkannt wird. Dabei kann es zunächst nur darum gehen, sozialwissenschaftliche Partialtheorien auf mögliche anthropologische Vorbedingungen zu untersuchen, wie auf die Gesellschaftsabhängigkeit anthropologischer Konzeptionen hinzuweisen. Der Stand der Theoriebildung in der allgemeinen Anthropologie ist dabei vom Stand der Theoriebildung in den Sozialwissenschaften nicht zu trennen, und der Verzicht auf die Ausarbeitung einer anthropologischen Globaltheorie erklärt sich auch aus deren Fehlen in den Sozialwissenschaften. Daß dabei in beiden Bereichen die Ausarbeitung einer allgemeinen Theorie von Notwendigkeit ist, bleibt von dieser Konstatierung des augenblicklichen Sachverhalts unberührt.
Die Tendenz, immer stärker auf anthropologische Theoreme zurückzugreifen, kann dabei keine Restauration des Comteschen Programms einer Anthropologie bedeuten, »die die direkten Angaben der soziologischen Forschung immer kontrollieren und sie sogar oft berichtigen und vervollkommnen« soll (Comte 1923: 714). Eine Anthropologie als Synthese der anthropologischen Disziplinen in soziologischer Perspektive knüpft nicht an den gescheiterten Versuch diverser Philosophischer Anthropologien an, sich selbst zu einer Basiswissenschaft zu deklarieren, Metaphysik oder »moderne« Metaphysik (Diamond 1964a), gar Ontologie-Ersatz zu sein. Dies wäre sie auch dann nicht, wenn eine heute bestenfalls möglich erscheinende generelle anthropologische Theorie bereits verwirklicht wäre. Denn aufgrund des Phänomens der »Emergenz« (Duke 1970) ließe sich dann immer noch feststellen, daß es stufenförmig angeordnete Objektbereiche wissenschaftlichen Forschens gäbe, in denen wirksame Strategien der Erklärung von Sachverhalten und wahre Sätze nicht ohne Umstände von einer Stufe auf die andere transponiert werden können (dazu auch Elias 1970). Erinnert man sich des interdisziplinären Drängens nach einer anthropologischen Theorie, so mag man – vorausgesetzt, daß man sich vor Emphase nicht scheut – behaupten, daß der »Stand der theoretischen Diskussion der Gegenwart ... eine dialektisch aufgeklärte Anthropologie bzw. eine anthropologisch aufgefangene Dialektik« fordert (Willms 1970a).

Anthropologie und Politik

In diesem Kapitel versuche ich, Hinweise auf die anthropologischen Voraussetzungen politischer Aussagen wie auf die politischen Konsequenzen anthropologischer Theoreme zu geben. Von den vier Teilen beschäftigt sich der erste vor allem mit der Selbstkritik der amerikanischen Ethnologie im Kontext der Imperialismus-Diskussion, der zweite konzentriert sich auf die, biologische wie ethnologische Anthropologie in gleichem Maße betreffende, Relativismus-Debatte, der dritte ist ein Exkurs über den Konservativismus in der Anthropologie, und der vierte Teil geht am Leitfaden einer begriffsgeschichtlichen Analyse auf die politischen Implikationen von Aussagen der biologischen Anthropologie ein.

Anthropologie und Imperialismus

In der Bundesrepublik ist die Imperialismus-Debatte kein die Sozialwissenschaften *unmittelbar* berührendes Thema. Hans Peter Duerr hat die Provinzialität der deutschen Ethnologie dafür »verantwortlich« machen wollen, daß es in der BRD noch kein Projekt »Camelot« gegeben hat – »a science in this condition certainly could not hinder any revolution« (DUERR 1970: 75) – das sicher nicht zu bedauernde Fehlen eines solchen oder ähnlichen Großprojekts hat die Diskussion um die politische Rolle der Sozialwissenschaften und der anthropologischen Disziplinen in der Bundesrepublik eingeschränkt.
Seit dem Scheitern des Projekts »Camelot«, einem vom »Special Operations Research Office« (SORO) der US-Army mit 6 Millionen Dollar finanzierten und auf 4 Jahre angelegten counter-insurgency Programm für die südamerikanischen Länder – der offizielle Terminus, noch verräterisch genug, hieß »insurgency prophylaxis« – sind in den USA in größerem Umfang die Verquickungen wissenschaftlicher Forschungen mit militärischen Zwecken bekannt geworden. Exemplarisch dafür erscheint etwa die Rolle, die die Michigan State University im Vietnam-Krieg gespielt hat; die Verbindungsrolle des CIA zwischen Universitäten und

Pentagon ist auch in der Bundesrepublik diskutiert worden. Über Proteste hinaus, die sich vor allem mit der politischen Rolle des Intellektuellen befaßten und die sich immer noch auf von Max Weber bereits formulierte Positionen beziehen ließen, wurde in diesem Zusammenhang vor allem die Rolle der Ethnologie zum Gegenstand einer intensiven und die Fachgrenzen sprengenden Diskussion.

Nachdem die »American Anthropological Asscociation« (AAA) Ralph L. Beals für ein Jahr lang mit Vorarbeiten beauftragt hatte, erschien im Newsletter der AAA vom Januar 1967 seine »Background Information on Problems of Anthropological Research and Ethics«. Dieses Statement bezog sich ausdrücklich auf den Krieg in Vietnam, gegen den sich die AAA bereits 1966 ausgesprochen hatte. Im Herbst 1968 setzte das »Executive Board« der AAA ein »Ethics Committee« ein, zu dessen Vorsitzendem Eric R. Wolf bestimmt wurde. Trotz unterschiedlicher politischer Einstellungen stimmten *alle* Mitglieder des Komitees in der Opposition gegen den »augenblicklichen Trend der amerikanischen Regierung, Akademiker für counter-insurgency Forschung zu gewinnen, überein« (Foster 1971: 44).

Das »Ethics Committee« beschäftigte sich freilich nicht in erster Linie mit dem Krieg in Vietnam. In den Mittelpunkt geriet vielmehr die »Ethnologie auf dem Kriegspfad in Thailand« (Wolf und Jorgensen 1970; Jones 1971) – eine Diskussion, die das Dilemma des Verhältnisses von Politik und Wissenschaft deutlich werden ließ. Aus den Dokumenten, die Wolf und Jorgensen zitieren (27), erfährt man zunächst einiges über die Techniken, mit denen auch Wissenschaftler, die gegen den Krieg in Vietnam eingestellt sind, das abschreckende Beispiel »Camelot« noch in Erinnerung und eigentlich gar nicht die Absicht haben, für die Regierung zu arbeiten, in counterinsurgency Programme eingespannt werden. Die Erfolgschancen derartiger »Techniken« haben zum größten Teil eine Wissenschaftsorganisation zur Voraussetzung, die Forschung zum überwiegenden, wenn nicht ausschließlichen Teil, außeruniversitär finanzieren läßt. Die Politiker zeigen gerade an der Ethnologie ein überwältigendes Interesse: im Krieg in Indochina spielen lokale Faktoren bei der Rekrutierung und Ideologisierung der Aufständischen eine große Rolle, die in ihrer vollen Tragweite nur von ausgebildeten und trainierten Ethnologen erkannt werden können. Deren Bedeutung läßt sich zahlenmäßig darstellen: Als im Dezember 1967 von den »American Institutes for Research« (AIR) in Pittsburgh der »Advanced Research Projects Agency« (ARPA) des Pentagon ein Forschungsplan mit dem Titel »Counter-Insurgency in Thailand: The Impact of Economic, Social and Political Action Programs« vorgelegt wurde, waren dafür 1 Million Dollar veranschlagt, die auch prompt bewilligt wurden.

Es ist dabei von Wichtigkeit, daraufhinzuweisen, daß Programme dieser Art durchaus *nicht geheim* realisiert werden. So haben Vertreter des »American Advisory Council for Thailand« (AACT) im Juni 1969 vor einem Senatsausschuß daraufhingewiesen, daß 75% der Aktivitäten dieser Organisation sich mit counter-insurgency Programmen befassen. Auch ist es nicht einmal notwendig, die wissenschaftlichen Programme einer Organisation wie des AACT als eine Art »wertfreier« Forschung zu tarnen. Vielmehr ist z. B. zwischen dem AACT und der University of California ein Vertrag geschlossen worden, der eindeutig die Ziele der wissenschaftlichen Aktivitäten im Sinne des AACT festlegte. Dabei ist eine Art »Schneeballsystem« von besonderer Bedeutung: die in ein bestimmtes Programm engagierten Wissenschaftler werden aufgefordert, mit anderen für das Projekt wichtigen Spezialisten Kontakt aufzunehmen, um deren »skills« sozusagen unfreiwillig für das betreffende Projekt nutzbar zu machen: »... the association between scholarship and counter-insurgency has wider ramifications. It not only affects the original sellers of academic skills, but also seeks to implicate innocent colleagues ...« (Wolf und Jorgensen 1971: 30).

Dennoch verweisen Wolf und Jorgensen auch auf die *politische* Rolle einer zu Unrecht sich als »naiv« – im Sinne von unpolitisch – verstehenden Ethnologie, deren Informationen, in welcher Absicht und mit welcher Bewußtseinslage auch immer gesammelt, zu politischen Zwecken benutzt werden: »Es geht nicht länger an, Informationen über eine wenig bekannte und machtlose Bevölkerung zu sammeln; man muß auch darüber informiert sein, wozu solche Informationen benutzt werden können« (Wolf und Jorgensen 1971: 34; Jorgensen 1971).

Die Verwickeltheit des problematischen Verhältnisse von (ethnologischer) Anthropologie und Politik wird deutlich, wenn man sich daran erinnert, daß diese enge Verflechtung – zumindest in den USA – aus der Zeit des zweiten Weltkrieges herrührt, als viele Sozialwissenschaftler, die heute Auftragsarbeiten der Regierung strikt ablehnen, durchaus bereit waren, wissenschaftliche Ergebnisse in den Dienst eines Kampfes gegen den Nationalsozialismus zu stellen. Seit dieser Zeit erst hat die »applied anthropology« (FOSTER 1969) ihre eigentliche Rolle gewonnen. Gewiß kann man diese Aktivität einer gewissen ideologisch-humanitären Tradition der amerikanischen Ethnologie seit Boas zurechnen, doch scheint es mir kaum zulässig, einen bruchlosen Übergang zur regierungsamtlichen Wissenschaftspolitik der Gegenwart zu konstruieren: »Hinzu kommt, daß sich die US-Bundesregierung in der letzten Zeit vor und in den Jahren gleich nach dem zweiten Weltkrieg häufiger der Mitarbeit von Ethnologen im eigenen Lande (in den indianischen Reservationen) und in den besetzten pazifischen Gebieten bediente« (RUDOLPH 1968: 101).
Seit 1960 wurde es im Interesse des amerikanischen Imperialismus aufgrund des wachsenden militärischen Engagements der USA in Guatemala, Kuba und vor allem Vietnam notwendig, direkte »Feldforschung« zu betreiben. Es liegt auf der Hand, daß sich hierzu die Dienste der Ethnologen anboten, oder, wie es Peter Braestrup sarkastisch formulierte: »Die alte Formel für eine erfolgreiche anti-revolutionäre Strategie lautete: Zehn Soldaten für jeden Guerilla. Heute heißt es: Zehn Ethnologen (anthropologists) für jeden Guerilla!« (Nach WOLF und JORGENSEN 1971: 32).
Der »Kriegspfad«, auf dem Wolf und Jorgensen die Ethnologie beobachteten, ist gewiß nicht *der* Weg aller westlichen Sozialwissenschaftler. Andererseits handelt es sich auch nicht um eine Ausnahme: dazu verlief die Diskussion, die die Aktivität von Wolf und Jorgensen hervorrief, zu *typisch* für Diskussionen, in denen kritische Intentionen institutionell beschnitten werden.
Die Kritik, die von Seiten des »Executive Board« der AAA an Wolf und Jorgensen geübt wurde, die schließlich aus dem »Ethics Committee« ausschieden, (dazu FOSTER 1971 und die gesamte Diskussion in der »New York Review of Books« vom

8. April 1971; ferner CURRENT ANTHROPOLOGY 1971), richtete sich vor allem auf drei Punkte: der erste betraf die »Zusammenarbeit« mit dem SMC, dem »Student Mobilization Committee to End the War in Vietnam«, der zweite die Tatsache, daß Wolf in seinen Untersuchungen auf ihm vom SMC ohne Wissen der betreffenden Wissenschaftler zugespieltes xerokopiertes Material zurückgegriffen hatte, der dritte bezog sich auf den Vorwurf, das »Ethics Committee« habe seine Kompetenzen überschritten. Diese Punkte bedürfen keiner ausführlichen Diskussion. Sie sind typisch für *alle* Diskussionen zum Verhältnis von Wissenschaft und Politik, wie sie heute geführt werden. Der Kernpunkt der Auseinandersetzung läßt sich in einer Randbemerkung von George M. Foster ermitteln, der zur Zeit der Einsetzung und der Aktivität des »Ethics Committee« Präsident der AAA war. Foster weist daraufhin, daß die Stellungnahme zum Vietnam-Krieg, die die AAA 1966 abgegeben hatte, sich dem Wortlaut nach gegen den Krieg gerichtet hatte, keinesfalls also auf eine politische Stellungnahme gegen *eine* der kriegführenden Parteien hinausgelaufen sei. In dieser Stellungnahme verrät sich exemplarisch das Selbstverständnis der »naiven Anthropologie«. Eine Stellungnahme in dem von Foster interpretierten Sinn ist nämlich apolitisch und politisch zugleich: *apolitisch*, weil sie ein abstraktes, mithin in jedem Falle folgenloses Engagement zum Ausdruck bringt, *politisch*, weil eine solche Stellungnahme der Position des Stärkeren, ob gewollt oder ungewollt, nutzt.

Deutlicher noch werden die politischen Konsequenzen einer »neutralen« ethnologischen Anthropologie, wenn man sie auf ihren Konservativismus (vgl. dazu S. 62 f.) hin untersucht (BATALLA 1966). Dieser läßt sich an folgenden theoretischen Vorentscheidungen nachweisen:

1. Arbeitet eine, implizit oder ausdrücklich sich so verstehende *konservative Ethnologie* vor allem mit *psychologischen* auf Kosten sozio-ökonomischer Kategorien, und trägt so dazu bei,
2. einen schnellen sozialen Wandel, also auch Revolutionen, zu verhindern.
3. Hindert ein à la lettre und damit sicher falsch verstandener kultureller Relativismus (dazu S. 51 f.) die Ethnologen

daran, sich wirkungsvoll der Lösung dringender humanitärer Probleme zuzuwenden. Batalla schlägt hier als Gegengewicht vor allem eine *historische* Orientierung der Ethnologie vor: »Durch das Studium der Geschichte lernt man Umrisse, Muster und Gesetze des sozialen Wandels kennen, die bei der Propagierung von Entwicklungsprogrammen nützliche Dienste leisten können« (90).

4. Beruhen viele ethnologische Forschungen auf einer »multiple causation theory«, die zur Folge hat, daß man nie *alle* verursachenden Faktoren entdecken und auch letztlich nie von der deskriptiven zur erklärenden und vielleicht sogar präskriptiven Ebene der Theoriebildung gelangen kann.
5. Handelt es sich bei den meisten auf Probleme der Entwicklungsländer zugeschnittenen ethnologischen Theorien um eine »Ethnologie der Armut« (anthropology of poverty), die zwar durchaus darauf abzielt, das Los der Unterprivilegierten zu bessern, ohne dabei fähig zu sein, radikale d. h. wirkungsvolle Lösungen zu erarbeiten, die das Problem der Armut selbst beseitigen.

Aus den fünf Punkten Batallas, so kurzgeschlossen auch manchmal seine Argumentation wirken mag, geht doch hervor, in wie subtiler Weise politische Vorentscheidungen bereits in die Theoriebildung einzugehen vermögen. Das 1968 in »Current Anthropology« (Vol. 9, 5: 391–435) veröffentlichte »Social Responsibilities Symposium« fiel demgegenüber hinter diesen Stand der Debatte zurück (Berreman 1968; Gjessing 1968; Gough 1968). Denn zwar wurde zu Recht auf die politischen Folgen ethnologischen Forschens hingewiesen und dafür plädiert, aufgrund der Aufdeckung der »unbewußten Motivationen« der Wissenschaftler zu einer »relevanten Ethnologie« zu gelangen (Gjessing 1968: 399 f.) – doch ohne deutlich zu machen, daß es sich dabei letztlich um *politische* Entscheidungen handelt, deren Vermittlung mit wissenschaftlichen Verhaltensweisen erst aufzuzeigen wäre. Zum zweiten wurde, zu einseitig und historisch in dieser Eindeutigkeit nicht belegbar, die Ethnologie (anthropology) als ein »Kind des westlichen Imperialismus« (Gough 1968: 403) bezeichnet. Demgegenüber hat A. J. F. Köbben vor allem den ersten hier formulierten Einwand erhoben und daraufhingewiesen, daß die meisten der an der Diskussion um die politische Rolle der Ethnologie auf Seiten der Linken Beteiligten die Verwendung der Ethnologie im Rahmen von counter-insurgency Programmen anprangerten, ohne sich darüber im klaren zu sein, daß sie selbst beispielsweise einer »ethnologischen Hilfestellung« gegen einen von den USA auf Kuba initiierten Aufstand uneingeschränkt ihre Zustimmung geben würden. Das Problem liegt eben weniger darin, sich für oder gegen eine ethnologische Unterstützung von counter-insurgency Programm zu wenden, als eine Entscheidung zu treffen, welche Revolution oder welche Niederschlagung einer Revolte unterstützenswert ist oder nicht – und aufgrund welcher Prinzipien.

Duerr hat nachdrücklich daraufhingewiesen, daß das Problem der gesellschaftlichen Verantwortung der Wissenschaft und der Wissenschaftler weit komplexer gesehen werden muß, als es in der Diskussion von »Current Anthropology« im Jahre 1968 dargestellt wurde: »Welcher Art ist die *erkenntnistheoretische* Beziehung zwischen der Reflexion auf die Kategorien empirischer Theorien und der ›Moral‹, die dazu motiviert, diese Theorie in einem ganz bestimmten Gegenstandsbereich anzuwenden?« (DUERR 1970: 72; FABIAN 1971).

Stanley Diamond schließlich hat bereits 1964 für eine Ethnologie als »revolutionäre Disziplin« plädiert, als »natürlichen Erben der Aufklärung« (DIAMOND 1964a: 435) die »applied anthropology« angesehen. Auf die Thesen von Diamond und Gough werde ich später zurückkommen – die Tradition der (biologischen und ethnologischen) Anthropologie schließt beides ein: den möglichen Bezug auf die Aufklärung wie auf die Restauration. Zur Differenzierung wird man ohnehin gezwungen, wenn man die europäische Vergangenheit der Disziplin näher betrachtet. Das gilt sowohl für das koloniale Erbe der Anthropologie (KEESING 1945) wie für die revolutionären Chancen einer künftigen Anthropologie: zunächst einmal muß die Tatsache nachdenklich stimmen, daß beispielsweise auch die französische *Anthropologie* nur als entpolitisiert bezeichnet werden kann, obwohl die französischen *Anthropologen* sich beinahe ausschließlich der Linken zurechnen. Gefordert wird daher zu Recht nicht ein »besseres« Engagement der Anthropologen, sondern eine Revolution der Anthropologie* – wenn auch nicht präzisiert wird, worin diese Revolution bestehen soll (COPANS 1970/71: 1183). Sicher ist aber die Überlegung richtig, daß Voraussetzung einer Revolutionierung der Anthropologie die Aufhebung der »institutionellen Trennung zwischen Soziologie und Anthropologie« und die zu schaffende Einheit der »sciences humaines« ist.

Diese Hinweise sollten deutlich machen, daß eine Diskussion über die künftige Rolle der Anthropologie *erstens* die Gesamtheit der anthropologischen Disziplinen berücksichtigen muß – die biologische Anthropologie kann, mit gleichem Recht wie die ethnologische, für sich in Anspruch nehmen, eine »humanisierende« Wirkung auszuüben (MONTAGU 1957: 6) – und *zweitens* die europäische wie die amerikanische Diskussion zu berücksichtigen hat.

Diesen Zusammenhang hat Bob Scholte in einem Aufsatz mit dem Titel »Toward A Reflexive and Critical Anthropology« aufzuzeigen versucht, der für den bereits erwähnten von Dell H. Hymes herausgegebenen Band »Reinventing Anthropology« geschrieben wurde (SCHOLTE 1971)**. Weitgehend hat Scholte beim Versuch, eine selbstkritische, reflexive und radikale Alternative zur herkömmlichen Ethnologie aufzuzeigen, Gedankengänge vertreten, wie Jürgen Habermas sie vorgetragen hat – etwa in Richtung eines um die ethnologische Reflexion ergänzten Kapitels in »Erkenntnis und Interesse« (dazu auch FABIAN 1970; 1971). Worauf ich dabei hinweisen möchte, ist folgendes: Eine kritische Anthropologie, wie Scholte sie fordert und wie sie auch im Programm der erwähnten Zeitschrift »Critical Anthropology« (s. S. 22) angesprochen ist, bezieht sich auf die Gesamtheit der anthropologischen Disziplinen; sie kann nicht mehr nur für die biologische oder ethnologische Anthropologie gelten wollen. Letztlich geht es um eine kritische epistemologische Fundie-

* Der Artikel von Copans ist in der Nummer 293/294 der »Temps Modornes« 1970/71 enthalten, in der sich neben der Übersetzung einiger Artikel aus »Current Anthropology« auch französische Originalaufsätze, u. a. von Jean Monod, Copans und Pouillon, zum Thema »Anthropologie et impérialisme« finden. Vgl. auch die Nr. 299/300.

** Dabei handelt es sich um das überarbeitete Schlußkapitel eines papers »Toward A Self-Reflective Anthropology«, das Scholte beim VII. Weltkongress für Soziologie in Varna vorgelegt hat (SCHOLTE 1970).

rung der anthropologischen Disziplinen innerhalb der Sozialwissenschaften. Der historische Bezug ist in solchen Reflexionen selbstverständlich – etwa in dem Vorschlag, die Geschichte der Anthropologie selbst als ein anthropologisches Problem zu betrachten (HALLOWELL 1965). Die Forderung nach Reflexivität bezieht sich natürlich nicht auf den Anthropologen als Person, sondern auf die Anthropologie als Disziplin – sie ist damit *wissenssoziologisch* orientiert (MACQUET 1964; WOLF 1969). Der kritische Anspruch, den eine solche Anthropologie vertritt, meint das Bewußtwerden der politischen Implikationen anthropologischer Aussagen und den Versuch, diese in emanzipatorischer Absicht zu formulieren.

Aus dieser Zusammenfassung wird deutlich, daß der Begriff einer reflexiven und kritischen Anthropologie der Perspektive entspricht, die als »soziologische Anthropologie« bezeichnet worden ist. Denn tatsächlich ist die von Scholte in Umrissen beschriebene Anthropologie reflexiv und kritisch »nur« insofern, als sie programmatisch sich ihrer gesellschaftlichen Bedingtheit wie ihrer Wirkungsmöglichkeiten auf gesellschaftliche Tatbestände versichern will. Was eine solche Anthropologie (noch) nicht leisten kann, ist eine *Begründung* der emanzipatorischen Prinzipien, die für sie bestimmend sein sollen – sie verfügt nur über das Bewußtsein, sich über diese Prinzipien Klarheit verschaffen zu müssen. Eine soziologische Anthropologie stellt insofern einen, freilich notwendigen, Zwischenschritt zu einer wirklich »kritischen«, das heißt sich ihrer leitenden Prinzipien sicheren Anthropologie dar.

Mir scheint ein Vorbehalt freilich gerade Versuchen gegenüber nötig, die leitenden Prinzipien einer solchen Anthropologie, die Scholte anvisiert, *anthropologisch* begründen zu wollen, wie Habermas es in Ansätzen versucht hat (HABERMAS 1968c; 1970b) – so sehr man auch mit den Leitinteressen selbst, die Habermas vertritt, übereinstimmen mag.*

* Die gleiche Skepsis ist daher einer »Transzendierung« der Ethnologie zu Anthropologie gegenüber am Platze (HINZ 1971) – so sehr auch hier Übereinstimmung mit den kritischen Intentionen eines solchen Vorschlags gegeben sein mag.

Die Relativismusdebatte

Das Verhältnis von Anthropologie und Politik ist in *methodologischer* Hinsicht vor allem in der Relativismus-Debatte zur Sprache gekommen, die zwar charakteristisch für die US-amerikanische Ethnologie ist (RUDOLPH 1968), andererseits aber von Joseph François Lafitaus »Mœurs des sauvages Amériquains comparés aux mœurs des premiers temps« von 1724 bis zu Radcliffe-Browns Definition der Anthropologie (d. h. der social anthropology) als »Suche nach der Natur der menschlichen Gesellschaft durch einen systematischen Vergleich von Gesellschaften unterschiedlichen Charakters« nachzuweisen ist.

Der *kulturelle* Relativismus ist u. a. eine Folge der Entdekkung der Verschiedenheit der menschlichen *Natur* – dieser Begriff ist in der Ethnologie nicht identisch mit dem Rückgriff auf Reflexe oder angeborene Fähigkeiten, sondern bezeichnet das universell Erworbene in der Lebensgeschichte (REDFIELD 1962: 444). Zur wissenschaftlichen Anschauung konnte der Relativismus dabei erst werden, als der »Schock« der menschlichen Variationsbreite überwunden war – durch Einsicht in die Kohärenz des Fremden, die Erkenntnis, es mit einem *System* von Differenzen zu tun zu haben (REDFIELD 1962: 459). Seit dieser Zeit ist Monstruosität vorwiegend eine Individualkategorie – jedenfalls im ideologischen Selbstverständnis der anthropologischen Disziplinen.

Wie in »Aline et Valcour« hat de Sade – der Bougainvilles Reisebericht kannte (s. S. 102 f.) – mit der Systematik der Differenzen Ernst gemacht – bis heute ist der von ihm verursachte Schock wirksam geblieben. Wenn nämlich die Anschauung des Relativismus gilt – »Alles ist eine Frage des Geschmacks und des Organismus; und nur die Einfältigen können sich ausdenken, daß dabei die Pedanterie einer Regel gelte« (DE SADE 1962: 375) – kann »das grausamste und unzüchtigste Volk der Erde« dem Kannibalismus »natürlich« anhängen, da es doch »genauso einfach (ist), sich von einem Menschen wie von einem Ochsen zu ernähren«. Denn, so drückt es Sarmiento, »der zum Menschenfresser gewordene Europäer«, Sainville gegenüber aus: »Wir gehorchen der Gewohnheit in einem noch stärkeren Maße als der Natur, mein Freund; jene hat uns geschaffen, die andere bildet uns. Es ist eine Torheit, zu glauben, daß das moralisch Gute an sich existiere« (DE SADE 1962: 386).

So läßt sich ebenso eine Geschichte der Akzeptierung des Fremden wie der zunehmenden Distanzierung ihm gegenüber schreiben. Obwohl Cook auf seiner Reise mit der »Endeavour« die Parole ausgab, »Freundschaft mit den Eingeborenen zu halten und sie mit aller nur denkbaren Menschlichkeit zu behandeln« (COOK 1955: 75), konnte er doch nicht umhin, zu schildern, was er sah, weil er es sehen *mußte*: die jungen Mädchen, die »a very indecent dance« tanzten, die Geschlechter, die in ihrer Unterhaltung »the most indecent ideas« ausdrückten, ohne dabei Emotionen zu zeigen. Diderot etwa, über dessen Supplement zur Reise Bougainvilles noch zu sprechen sein wird, unterbricht diese Tradition, aber er beendet sie nicht. 1953 bekennt Robert Redfield sich zwar zur relativistischen Doktrin, doch glaubte er feststellen zu können, daß die Menschheit sich zu einem immer reiferen Moralkanon, »a more decent and human measure of goodness« (REDFIELD 1953: 163) weiterentwickelt.

Die politische Bedeutung des Relativismus im Bereich der ethnologischen Anthropologie – die hier einen ihrer engsten Berührungspunkte mit der biologischen Anthropologie hat – liegt in seiner Verknüpfung mit dem *Wertproblem*: »Die kulturrelativistische Hypothese besagt bekanntlich, daß die (geforderte) Verbindlichkeit und damit Gültigkeit bestimmter Werte zunächst nur für den Bereich einer kulturell hinreichend homogenen Gesellschaft mit Sicherheit behauptet werden könne. Werte mit größerem Geltungsbereich sind empirisch nachzuweisen, sei es nun durch direkte Feststellung ihres Vorhandenseins in mehreren oder sogar allen Kulturen, sei es durch Wahrscheinlichmachung auf dem Umweg über unzweifelhaft universale Gegebenheiten, z. B. als Resultat konkreter Bedingungen einer ›psychischen Einheit der Menschheit‹, bzw. deren biologischer Basis« (RUDOLPH 1968: 230; ferner RUDOLPH 1959).

Oder, in einer mehr genetisch orientierten Begründung: »In knapper Formulierung besagt die kulturrelativistische Hypothese, daß der Mensch von Geburt an psychisch fundamental formenden Einflüssen seiner Kultur (durch Vermittlung bereits von den kulturellen Traditionen geprägter Menschen) ausgesetzt ist. Dadurch werden seine Erfahrungen und

Erkenntnisse derart kulturgeprägt, daß auch seine Erkenntnis*fähigkeit* weitgehend kulturell relativiert wird. Das hat eine kulturelle Standardisierung grundlegender Züge der gesamten Gefühls-, Gedanken- und Vorstellungswelt zur Folge, worunter demnach auch die Wertvorstellungen fallen. Wenn also ein kultureller Wertrelativismus von einem kulturellen Erfahrungs- und Erkenntnisrelativismus unterschieden werden soll, so nur unter Berücksichtigung der Tatsache, daß ersterer nach kulturrelativistischer Ansicht nicht mehr als ein besonders benannter Teil des letzteren sein kann.« (RUDOLPH 1968: 274).

Man kann daher unter forschungsstrategischen Gesichtspunkten *biologische* von *transkulturellen* Konstanten unterscheiden. Dabei kann es sich durchaus um den gleichen Sachverhalt handeln, unterschiedlich sind die Methoden, mit denen die Konstanz ermittelt werden soll. Im ersten Falle wird die Konstanz eines Merkmals naturwissenschaftlich nachgewiesen, im zweiten aufgrund eines mehr oder minder umfangreichen Kulturenvergleichs mit höherer oder geringerer Wahrscheinlichkeit vermutet. Der »Beweiswert« beider Strategien ist nicht identisch – daher beziehen sich Entwürfe konservativer Anthropologien (s. S. 62 f.) generell auf als biologische angenommene Konstanten*.

Die Anhänger des »kulturellen Relativismus« haben versucht, ihrer »Doktrin« einen unmittelbaren politischen Einfluß zu verschaffen. Das 1947 durch das »Executive Board« der »American Anthropological Association« ausgearbeitete und einstimmig akzeptierte »Statement on Human Rights«, das deutlich die prägende Handschrift eines der bekanntesten und wirkungsvollsten Vertreter des kulturellen Relativismus, Melville J. Herskovits, trägt, gilt als die »Magna Charta des kulturellen Relativismus« (RUDOLPH 1968: 102). Die Deklaration der Menschenrechte jedoch, die die Vollversammlung der Vereinten Nationen am 10. 12. 1949 verabschiedete, ignorierte die Anregungen der AAA.

Terminologisch, in dieser Kraßheit aber kaum nachweisbar,

* Bei Rudolph (1968) finden sich zur Kennzeichnung verschiedenartig ermittelter Konstanten u. a. die Begriffe »metakulturell«, »subkulturell« und »postkulturell«. Dabei entspricht der Begriff »subkulturell« dem hier verwendeten Ausdruck »biologische Konstanten«.

lassen sich »nihilistic relativism« und »ethnocentric absolutism« (SPIRO 1965: 101) unterscheiden. Der Universalismus wäre dem Partikularismus, der Absolutismus dem Relativismus gegenüberzustellen (102). Ich benutze im folgenden nur die Begriffe »Universalismus« und »Relativismus«. Mit dem Begriff »Universalismus« ist nicht der Rückgriff auf natürliche Konstanten alleine gemeint, sondern die Reduktion gesellschaftlicher Verhaltensweisen auf biologische Ursachen zum Zweck der *Normenlegitimierung*. So wird etwa eine bestimmte ästhetische Auffassung damit zu begründen versucht, daß sich die Sehgewohnheiten und Möglichkeiten der Sinneswahrnehmung nicht verändert hätten, seit der Mensch auf dieser Erde lebt (CARMICHAEL 1961: 6).

Der »Relativismus« dagegen versucht, derartige Überzeugungen als klassen- oder kulturspezifisch nachzuweisen. Er operiert damit ähnlich wie Ideologiekritik und Wissenssoziologie und bezeichnet jeweils das »reflexive« Stadium einer Wissenschaft, in der eine »Anthropologie der Anthropologie« oder eine »Ethnologie der Ethnologie« erstellt wird (SCHOLTE 1970). In diesem Stadium ist der »relativistische« Ansatz aufklärerisch motiviert.

In diesem Zusammenhang soll auf Versuche, sprachliches und kognitives Verhalten als klassenspezifisch geprägt nachzuweisen, nicht eingegangen werden. Ich beschränke mich auf einen Hinweis, der die Forschungsorientierung der sogenannten »cross-cultural studies« beschreibt (PRICE-WILLIAMS 1969). Diese wurden in der Überzeugung entwickelt, daß viele Testverfahren der westlichen Psychologie und Soziologie ethnozentristisch orientiert sind, d. h. nur eine spezifische, für eine bestimmte Kultur oder ein bestimmtes Kulturgebiet zutreffende, Geltung besitzen. In den cross-cultural studies wird einmal die Beschränktheit herkömmlicher Testverfahren deutlich, zum anderen führt diese Erkenntnis zur verstärkten Bemühung um die Entwicklung kulturunabhängiger Tests, sogenannter »culture-free tests«, die transkulturell (KAPLAN 1961) anwendbar sein sollen und zur Entwicklung sogenannter »Meta-Methoden« führen (STRODTBECK 1964). Bei diesen »cross-cultural studies« werden vorzugsweise westliche Industriegesellschaften mit vorsprachlichen Stammeskulturen verglichen, wobei es das Ziel ist, »das Ausmaß der biologischen Determiniertheit der Menschheit«

(FRIJDA-JAHODA 1966, in PRICE-WILLIAMS 1969: 32) festzustellen.

Der »relativistische« Ansatz hat damit wieder ein Ziel erreicht, das ursprünglich nur für den »Universalismus« zu gelten schien. Beiden ist ein gewisser Reduktionismus gemeinsam, aber während der »universalistische« Ansatz eine Normenlegitimierung aus der unzulässigen Verallgemeinerung kulturspezifischer Normen ableitet, gelangt der »relativistische« Ansatz nur zu der Konstatierung einer gemeinsamen Grundlage kulturell variabler Verhaltensweisen. (Für Familie und Verwandtschaft MURDOCK 1949). Damit läßt sich eher die Variabilität rechtfertigen, als die Reduzierung der voneinander differierenden Verhaltensweisen und Einstellungen proklamieren (vgl. etwa LEVI-STRAUSS 1952 zum Rassenbegriff). In der Tat führen die »cross-cultural studies« zur Erkenntnis von Varianzen, die den Bereich der kognitiven Fähigkeiten und der Sinneswahrnehmung mitumfassen.

So hat man bei vergleichenden Untersuchungen festgestellt, daß nicht nur schriftliche, sondern auch Bilder-Tests bereits kulturspezifisch angelegt sind, weil nicht Angehörige aller Kulturen Bildern Repräsentationscharakter zuschreiben, wie wir es gewohnt sind (BIESHEUVEL 1949, in: PRICE-WILLIAMS 1969: 63); optische Täuschungen (SEGAL, CAMPBELL und HERSKOVITS 1963; in PRICE-WILLIAMS 1969: 95 ff.) und generell kognitive Fähigkeiten, die sogenannten »cognitive skills« (GOODNOW 1970, in: PRICE-WILLIAMS 1969: 246 ff.), wie z. B. die Fähigkeit, eine Horizontale überhaupt als solche zu erkennen (MUNDY-CASTLE 1966, in: PRICE-WILLIAMS 1969: 121) lassen sich ebenfalls als kulturspezifisch nachweisen.

Die uns selbstverständlich erscheinende Trennung von Sätzen und Tatsachen ist kulturspezifisch (GREENFIELD 1966, in: PRICE-WILLIAMS 1969: 219). Der Intelligenzgrad dagegen ist auf biologische Faktoren zurückzuführen, freilich in einer Art und Weise, die den konservativen Verfechtern einer biologisch determinierten Intelligenzauffassung nicht ins Konzept passen kann: Der Intelligenzgrad nämlich scheint von einer gewissen ausreichenden Zufuhr an Vitamin B abzuhängen, die unmittelbar auf das Zentralnervensystem einwirkt (BIESHEUVEL 1949, in PRICE-WILLIAMS 1969: 63).

Im Gegensatz von »relativistischen« und »universalistischen« Ansätzen der biologischen und ethnologischen Anthropologie drückt sich die alte Kontroverse zwischen Natur und Erziehung, die »nature-narture controversy« (PASTORE 1949) aus, die ich hier nicht ausführlich darstellen kann. Außerdem muß auf eine Wiedergabe der Diskussionen verzichtet werden, die die Psychoanalyse, speziell die Frage des Ödipus-Komplexes (MUENSTERBERGER 1969), auf diesem Gebiet hervorgerufen hat.

Ist der sogenannte »relativistische« Ansatz, der, grob verallgemeinert, eher der ethnologischen Anthropologie zuzurechnen ist, auch ursprünglich aufklärerisch motiviert, so zeigt sich doch, daß eine progressive Gesellschaftstheorie oder zumindest eine Gesellschafts*kritik* damit *nicht* begründet werden kann. Lévi-Strauss hat diese Schwierigkeit als das »Dilemma« des Ethnographen beschrieben (LEVI-STRAUSS 1960: 352–354).

Eine wichtige Rolle hat die Relativismus-Debatte in der *anthropologischen Sprachdiskussion* gespielt. Chomsky hat darauf aufmerksam gemacht, daß Wilhelm von Humboldt (1767–1835), »an den man heute am ehesten wegen seiner Annahmen im Hinblick auf die Verschiedenheit der Sprachen und die Verbindung unterschiedlicher Sprachstrukturen mit unterschiedlichen ›Weltansichten‹ denkt, nichtsdestoweniger die Meinung (vertrat), daß man, als einer jeden menschlichen Sprache zugrunde liegend, ein System finden wird, das universal ist und auf einfache Art die einzigartigen geistigen Attribute des Menschen zum Ausdruck bringt« (CHOMSKY 1970: 126/127). Chomsky setzt sich dann mit der Behauptung auseinander, die moderne Anthropologie habe »die Annahmen der rationalistischen Vertreter einer universalen Grammatik als falsch erwiesen ... indem sie mit empirischen Untersuchungen demonstrierte, wie verschiedenartig die Sprachen in der Tat sein können« (CHOMSKY 1970: 127). Die ausgeführte Kritik Chomskys will ich nicht wiedergeben – wichtig ist der Hinweis, daß als ein vordringliches Forschungsziel der ethnologischen Anthropologie der Nachweis eines sprachlichen Relativismus behauptet werden kann. Um einer Sprachverwirrung vorzubeugen, muß weiter darauf hingewiesen werden, daß den deutschen Übersetzern von »Language and Mind« an dieser Stelle eine terminologische Ungenauigkeit unterlaufen ist: richtig sollte statt von »Anthropologie« von moderner Ethnologie oder Kulturanthropologie die Rede sein, denn deren Relativismus richtet sich ja gerade *gegen* das Argument eines anthropologisch begründbaren Nachweises sprachlicher Universalien.

Das sogenannte *linguistische Relativitätsprinzip* wird gemeinhin mit den Namen von Edward Sapir (1884–1939) und Benjamin Lee Whorf (1897–1941) in Verbindung gebracht. Es ist aber unter historischen und auch systematischen Gesichtspunkten nicht unwichtig, gleichsam als auf einen Vorläufer auf Alfred Louis Kroebers Aufsatz »The Superorganic« aus dem Jahre 1917 hinzuweisen. Kroeber versucht hier vor allem, auf die entscheidenden Differenzen zwischen menschlicher *Sprache* und tierischer *Kommunikation* hinzuweisen, wobei er einmal betont, wie gering das rein tierische Element in der menschlichen Sprache (speech) sei und ferner hervorhebt, daß es »keine natürliche und daher auch keine organische menschliche Sprache« gäbe (Kroeber 1917, in: Kroeber 1952: 30). Kroebers an einleuchtenden Beispielen reicher Aufsatz – ein nach China gebrachter französischer Säugling spricht als Erwachsener Chinesisch, eine von einer Hündin aufgezogene Katze miaut nach wie vor – ist eine »antireduktionistische Unabhängigkeitserklärung von der Vorherrschaft biologischer Erklärungen soziokultureller Phänomene« (Kroeber 1917, in: Kroeber 1952: 22). Dabei betont Kroeber, und darauf aufmerksam zu machen, ist heute wie vor fünfzig Jahren wichtig, daß sich diese Proklamation nicht gegen Auffassungen richtet, die in der Biologie (oder Anthropologie) vertreten werden, sondern eine Polemik gegen quasibiologische Reduktionen in den Sozialwissenschaften darstellt.

Das linguistische Relativitätsprinzip geht, wie Benjamin L. Whorf sich ausgedrückt hat, von der Annahme aus, daß »das linguistische System ... jeder Sprache nicht nur ein reproduktives Instrument zum Ausdruck von Gedanken ist, sondern vielmehr selbst die Gedanken formt ... Die Formulierung von Gedanken ist kein unabhängiger Vorgang ..., sondern er ist beeinflußt von der jeweiligen Grammatik ... Wir gliedern die Natur an Linien auf, die uns durch unsere

Muttersprachen vorgegeben sind« (WHORF 1963: 12). Strukturphänomene der Sprache bezeichnet Whorf als sogenannte »Hintergrundsphänomene«; »Die automatischen, unwillkürlichen Strukturschemata der Sprache sind nicht für alle Menschen die gleichen, sondern in jeder Sprache andere .. .« (WHORF 1963: 20). Daraus folgt nach Whorf, daß etwa den SAE (Standard Average European)-Sprachen (wobei das Balto-Slawische und die nicht-indoeuropäischen Sprachen ausgenommen werden) die Auffassung der modernen Naturwissenschaften geprägt hat, während z. B. die Grammatik einer nordamerikanischen Indianer-Sprache, des Hopi, auch eine bestimmte Weltauffassung ausdrückt, die Hopi-Metaphysik (WHORF 1963: 103 f.). Whorf spricht in diesem Zusammenhang auch von einem SAE- bzw. einem Hopi-Mikrokosmos oder von verschiedenen Sprachwelten.
Man kann sagen, daß es einer Sprachtheorie wie der Chomskys vordringlich darauf ankommt, die universale Natur einer jeden möglichen Grammatik zu bestimmen, während Whorf sich für den spezifischen Charakter und die besondere Interpretationsleistung der jeweiligen Einzelsprachen interessiert. Es wird deutlich, daß aufgrund dieses verschiedenartigen Erkenntnisinteresses der Ansatz Chomskys *anthropologie*-näher einzuordnen ist als der Versuch Whorfs, der Einzelsprachen spezifische Weltsichten zuzuschreiben versucht und daher einen prototypisch wissens*soziologischen* Ansatz vertritt. Irrig wäre aber die Auffassung, bei den Verfechtern des linguistischen Relativitätsprinzips sei die Idee der Sprache als eines Anthropologicums nicht mehr vorhanden. Whorf schreibt dazu in einem Abschnitt, der »Das Problem des ›Sublinguistischen‹ oder ›Superlinguistischen‹« überschrieben ist und vor allem in seinem zweiten Begriff deutlich an Kroeber erinnert (KROEBER 1917):
»Überdies bedeutet nach meiner Meinung die enorme Wichtigkeit der Sprache nicht notwendig, hinter ihr sei nichts mehr von dem, was man traditionell ›Geist‹ nennt. Meine eigenen Forschungen lassen mich annehmen, Sprache sei, so königlich auch ihre Rolle ist, gewissermaßen nur ein oberflächliches Muster tieferer Bewußtseinsprozesse, welche die Bedingung aller Kommunikation, alles Signalisierens und aller Symbolisierungen sind und nötigenfalls auch ohne Sprache und Symbolismen in Kommunikation treten (wenngleich

keine eigentliche *Übereinkunft* erreichen) können. Ich verstehe hier ›oberflächlich‹ in dem Sinne, in dem zum Beispiel alle chemischen Prozesse als oberflächlich gegenüber jenen tieferen physikalischen betrachtet werden können, die sich auf den Ebenen der Atome, der Elektronen oder noch darunter abspielen. Niemand würde wohl aus dieser Aussage herauslesen, die Chemie sei *unwichtig*. Die Pointe liegt in der Tat vielmehr darin, daß das Oberflächlichere zugleich in einem bestimmten operativen Sinn das Wichtigere sein kann. Vielleicht gibt es sogar so etwas wie ›die Sprache‹ gar nicht! Die Aussage ›Denken ist eine Angelegenheit der *Sprache*‹, ist eine unkorrekte Verallgemeinerung des schon etwas richtigeren Satzes, ›Denken ist eine Angelegenheit verschiedener Muttersprachen‹. Die verschiedenen Muttersprachen sind die wirklichen Gegebenheiten« (Whorf 1963: 39).
Aus dieser Passage wird deutlich, wo die entscheidende Differenz zwischen einer mehr anthropologischen und einer eher (wissens)soziologischen Sprachanalyse zu suchen ist. Die Trennung von Tiefen- und Oberflächenstrukturen spielt gerade in der »generativen Grammatik« Chomskys eine entscheidende Rolle. Auch bedeutet der Begriff der Oberflächenstruktur keine Bezeichnung irgendwie minder wichtiger Elemente für die Sprachtheorie. In »Sprache und Geist« wird jedoch deutlich, daß Chomsky die anthropologische (= ethnologische, kulturanthropologische) Linguistik kritisiert, weil sie sich mit der Analyse von Obflächenphänomenen zufrieden gibt: »Der Glaube, daß die anthropologische Linguistik die Konzepte der universalen Grammatik zerstört habe, scheint mir unter zwei wichtigen Aspekten völlig falsch zu sein. Erstens mißdeutet er jene Annahme der klassischen rationalistischen Grammatik, derzufolge Sprachen einander nur auf einer tieferliegenden Ebene ähnlich sind, nämlich der Ebene, auf der grammatische Relationen zum Ausdruck gebracht werden, und auf der sich diejenigen Prozesse abspielen, die den kreativen Aspekt des Sprachgebrauchs sicherstellen. Zweitens schließt dieser Glaube eine schwerwiegende Fehldeutung der Resultate der anthropologischen Linguistik ein, die sich in der Tat fast vollständig auf *ziemlich oberflächliche Aspekte* der Sprachstruktur beschränkt hat.
Dies soll keine Kritik an der anthropologischen Linguistik sein, die mit ihren eigenen, vordringlichen Problemen kon-

frontiert ist – insbesondere mit dem Problem, zumindest einige Dokumentationen der rasch aussterbenden Sprachen der primitiven Welt zu erhalten. Dennoch ist es wichtig, sich dieser fundamentalen Beschränkung, die ihren Leistungen gesetzt ist, bewußt zu sein ...« (CHOMSKY 1970: 128, Hervorhebungen W. L.)

Noch da, wo er von Kritik ausdrücklich nicht sprechen will, kritisiert Chomsky implizit die anthropologische (= ethnologische, kulturanthropologische) Linguistik, die sich kaum darauf einschränken lassen kann, als ihr »eigenes« Problem ausschließlich die Dokumentation aussterbender Sprachen zu sehen.

Erkennbar wird, daß sich die Aussagen Chomskys und Whorfs durchaus miteinander vereinbaren lassen. Die eigentliche Differenz beider Positionen liegt in der unterschiedlichen *Relevanz,* die einzelnen Untersuchungsobjekten zugeschrieben wird. Was Chomsky als »ziemlich oberflächlich« erscheint – die Beschreibung der Einzelsprachen und der von ihnen abhängigen »Weltsichten« – gilt Whorf als wichtigstes Gebiet der Sprachtheorie. Auf unterschiedliche Begriffsverwendungen muß man dabei achten – z. B. wenn man der Behauptung Lennebergs, Sprache könne man nicht »lernen«, weil man Sprachfähigkeit »besitzt«, folgende Sätze Sapirs gegenüberstellt: »Zwar ist in einem gewissen Sinn jeder Mensch auch zum Sprechen prädestiniert, aber das kommt ausschließlich daher, daß ein neues Menschenkind nicht nur als Kind der Natur auf der Bühne dieser Welt erscheint, sondern auch als Mitglied eines Gemeinwesens, das den Neuankömmling normalerweise in all seine Bräuche einführen wird. Man stelle sich einmal vor, ein solches Gemeinwesen sei nicht vorhanden! Dann würde das neue Lebewesen, sollte es überhaupt am Leben bleiben, wohl sicher das Gehen lernen. Ebenso sicher würde es niemals lernen zu sprechen, d. h., es würde ihm nie möglich sein, Gedanken in dem Sprachsystem einer bestimmten Gemeinschaft mitzuteilen« (SAPIR 1961: 13).

In der Argumentation Lennebergs dagegen bezieht sich der Begriff einer Sprache, die man nicht »lernen« muß, auf einen Komplex von Tiefenstrukturen, die so allgemein geartet sind, daß sie mit einer bestimmten Einzelsprache nur vage in Verbindung gebracht werden können. Die Aussagen von Lenneberg und Sapir widersprechen einander nicht – als Frage bleibt, welche Form der Sprachanalyse einer soziologischen Fragestellung am meisten entgegenkommt (vgl. dazu CLAESSENS 1971).

Die Diskussion um die Sapir-Whorf'sche These (GREENBERG, in: HOIJER 1954: 3–19; HOIJER, in: KROEBER 1953: 554–573; HOIJER 1954) hat von verschiedenen Positionen her das Theorem des linguistischen Relativismus in Frage gestellt. Man hat die anthropologischen Prämissen Whorfs untersucht und feststellen wollen, daß ihm nur eine höchst eingeschränkte Vorstellung von Anthropologie und möglichen anthropologischen Konstanten zur Verfügung stand (ASCH 1952), man hat darauf hingewiesen, daß es trotz unterschiedlicher Sprachpatterns relativ gleichartige Anschauungen über bestimmte Gegenstandsgebiete gäbe (MURDOCK, in: LINTON 1945: 123–142) und hat diese Auffassung vor allem durch Assoziationsexperimente stützen wollen, »die ergaben, daß wesentliche Strukturen des sprachlichen Verhaltens allen Völkern gemeinsam sind« (KOSZYK und PRUYS 1969: 343). Die von Whorf wenn nicht eindeutig behauptete, so doch suggerierte Analogie von Art und Grad der Sprachkomplexität und spezifischer Form der Weltbewältigung ist bestritten (LOUNSBURY, in: HOIJER 1954: 128) oder als schlicht falsch bezeichnet worden (C. F. VOEGELIN, in: LANDAR 1966).

In unserem Zusammenhang ist der Hinweis besonders wichtig, daß wir auch in der Sapir-Whorfschen Hypothese den Versuch vor uns haben, eine Theorie zu entwickeln, die, zweifellos kulturspezifisch geprägt, dennoch dazu tendiert, transkulturell gültige Aussagen zu machen (FEARING, in: HOIJER 1954: 54; dazu auch, vor allem in Verbindung zur Wissenssoziologie, SCHOLTE 1969 und SCHOLTE 1970). Whorf unterliegt in besonderem Maße dieser für jede Form des Relativismus gültigen Kritik, weil er trotz seines Plädoyers für den linguistischen Relativismus selbst den Versuch unternahm, allgemein gültige grammatikalische Kategorien zu entwickeln (WHORF 1963: 133 ff.; dazu auch PEI, in: SCHOECK und WIGGINS 1961: 226).

Diese Diskussion um die wissenschaftstheoretische Möglichkeit der Begründung eines relativistischen Standpunktes möchte ich hier nicht aufgreifen. Mehr liegt mir daran, auch im Zusammenhang mit der Diskussion des Sprachproblems

auf eine *Form des offenen Konservativismus als Folge eines entschiedenen Antirelativismus hinzuweisen.* Nachdem Mario Pei in dem erwähnten Reader von Schoeck und Wiggins der relativistischen Sprachtheorie eine gewisse Aussagekraft zugesprochen hat, fährt er fort: »Man mag es mir verzeihen, wenn ich auf die Parallelen hinweise, die ich zwischen dieser Sprachphilosophie und der umfassenderen Philosophie, die unseren sogenannten demokratischen Lebensstil prägt, entdecke, in dem lebenswichtige Fragen dadurch entschieden werden, daß man Nasen zählt (nose-counting process) und davon ausgeht, daß dasjenige richtig ist, was eine Majorität für richtig erachtet, ganz gleich, ob sie wirklich in der Lage ist, über einen bestimmten Problemkreis qualifiziert zu entscheiden ... wo allen die gleiche Bedeutung und der gleiche Rang zugemessen wird, ganz gleich, wie sie von Natur aus ausgestattet sind (natural equipment) ...« (PEI, in: SCHOECK und WIGGINS 1961: 227/228).
Nach einer Kritik an Bloch und Trager (1942) heißt es dann weiter: »Es ist wirklich eine faszinierende Frage, ob die Zwillingsdoktrin eines unbeschränkten Sprachgebrauchs und einer permissiven Erziehung die Ursache oder die Folge jener allgemeinen Verweichlichung im gesellschaftlichen, politischen, wirtschaftlichen und ideologischen Verhalten darstellt, ob sie zu dem Wandel beiträgt, der die Plage der Moderne ist oder nur ein Symptom darstellt, das auf einen gewissen Geisteszustand schließen läßt« (PEI in: SHOECK und WIGGINS 1961: 230).

Exkurs über den Konservativismus in der Anthropologie

In den »Caractères et Anecdotes« berichtet Chamfort (1740–1794), nicht ohne zu betonen, daß es sich dabei um eine Tatsache handele, eines Tages habe die Tochter des Königs, als sie mit ihrer »bonne« spielte, zu dieser gesagt: »Wie, auch Sie haben fünf Finger, genau wie ich?« Und dann habe sie ihre eigenen Finger nachgezählt, um dessen auch ganz sicher zu sein.
In seinem Aufsatz »Ist eine konservative Philosophische Anthropologie möglich« (1968) schreibt Eliseo Vivas: »Heutzutage pflegen Universitätslehrer das Dogma des kulturellen

Relativismus ihren Studenten gegenüber, als ob es sich dabei um eine ebenso unumstößliche Tatsache handele, wie jene, daß die mexikanischen Indianer genauso viele Zehen an jedem Fuß haben wie die Gringos, die sie zuletzt zählten« (Vivas 1968: 609).

In Chamforts Anekdote wird ein subtiler Zusammenhang von Politik und Anthropologie zweifach sichtbar: so stark erscheinen die Klassenschranken dem Einzelnen, daß es Verwunderung erregt, wenn die Körper dieser Differenz nicht gehorchen – Zeichen eines »demonstrativen« Konservativismus, der die sozialen Unterschiede auch adäquat physisch repräsentiert sehen möchte. Gleichzeitig steckt jedoch in diesen Gedanken auch ein utopisch-progressives Moment: scheinen doch selbst die biologischen Prärequisiten des Menschen nicht universal und unveränderlich, sondern partikular und flexibel zu sein. Natur soll der Geschichte angepaßt sein – so der konservative Gedanke –, doch eben darin enthüllt sich das die erstarrten Verhältnisse sprengende Moment einer Natur*geschichte*.

In Vivas' Bemerkung, deren ironisierende Selbstverständlichkeit sofort erschüttert wird, wenn man sich der Chamfortschen Anekdote erinnert, ist beides verlorengegangen: die Naivität des Konservativismus wie das in ihm steckende utopische Moment. Die Gleichheit und Unveränderlichkeit der biologischen Basis ist vielmehr unumstößliches Prinzip dieses Konservativismus, der auf der biologischen Gleichheit um so fester beharren muß, um die politische Ungleichheit – als sinnvolle Varietät – nachdrücklich zu akzeptieren, die »social diversity« gegen die »social uniformity« auszuspielen (Kirk 1968: 584), Talent einer allgemeinen Mittelmäßigkeit vorzuziehen (591), die »inégalité« mit der »variété« zu rechtfertigen (Rivarol 1956: 152).

Die konservative Kritik am kulturellen Relativismus wird durch die Auffassung ermöglicht, daß zum Aufgabenbereich einer philosophischen Anthropologie vor allem die Analyse und Kritik von Wertvorstellungen gehöre (Vivas 1968: 614). Der kulturelle Relativismus erscheint besonders verdammenswert, weil er keinen Rückgriff auf allgemeinverbindliche Werte zuzulassen scheint. Deutlich drückt sich diese Auffassung in den Beiträgen des von Schoeck und Wiggins 1961 edierten Sammelbandes mit dem Titel »Relativism and the Study of Man« aus, dessen Autoren sich ausdrücklich als Konservative verstehen. Ihre Polemik gegen den Relativismus ist dabei mit dem Plädoyer für eine verbindliche Ethik verschränkt. Diese soll nach wissenschaftlichen Prinzipien abgeleitet werden, obwohl andererseits die »sciences of man« nicht zu den »Natur«-Wissenschaften rechnen, weil sie von Werturteilen nicht freigehalten werden können (VIVAS 1960: 53, 57).

Den Entwurf einer solchen Ethik stützen die Autoren auf die anthropologische Grundannahme eines »permanent code of preferred human conduct« (CARMICHAEL 1961: 9), eines eindeutig zu bevorzugenden Kanons menschlicher Verhaltensweisen. Sie vertreten die Auffassung, es gebe von Natur aus bestimmte menschliche Handlungen und institutionelle Verankerungen dieses Verhaltens, die prinzipiell allen anderen Möglichkeiten vorzuziehen seien: »Grundlage allen menschlichen Verhaltens sind bestimmte ›Werte‹, die Auffassung, daß man manche Dinge tun sollte und andere nicht« (CARMICHAEL 1961: 11). Dabei werden transkulturelle und biologische »Konstanten« absichtsvoll miteinander vermischt; zu Unrecht wird vom (relativen) Universalismus bestimmter Phänomene auf ihre biologische Prägung und apriorische Geltung geschlossen. Aus den Neid-Phänomenen, die er entdeckt und beschreibt, schließt Schoeck, daß *der* Mensch »ein Neider« sei (SCHOECK 1966). Das Vorbild dieser Auffassung liefert Quételet (1796–1874), dem bestimmte Tugendbegriffe dann mit hoher Wahrscheinlichkeit absolut »richtig« zu sein scheinen, wenn die Grenzen des entsprechenden Begriffs im Laufe der Zeit und bei verschiedenen Völkern nicht variieren (QUETELET 1835 II: 275).

Carmichael gibt ein weiteres Beispiel für die Auffassung eines derartig spezifischen Zusammenhanges von Anthropologie und Ethik: »Verhaltensweisen, die mit Geburt, Pubertät, Heirat, der Aufzucht von Kindern, der Vorsorge von Nahrung und der Nahrungsaufnahme, mit Krankheit, Tod und anderen immerwiederkehrenden Ereignissen des menschlichen Lebens und der menschlichen Kultur zu tun haben, haben zu verschiedenen Zeiten und in verschiedenen Gesellschaften ganz verschiedene Ausprägungen erfahren. Daraus läßt sich freilich nicht folgern, daß alle diese Verhaltensmuster bestimmte Bedürfnisse, die sie befriedigen sollten, auch optimal befriedigt haben. Es besteht nur wenig Zweifel darüber, daß die wissenschaftliche Erforschung der Natur und Ursache bestimmter Infektionskrankheiten, bestimmte Verhaltensweisen absolut notwendig gemacht hat, wie z. B. die Pockenschutzimpfung. Eine Impfung ist daher in einem absoluten Sinne ein besserer Schutz gegen Pocken als es die Beschwörungsformeln eines Hexendoktors sein können.« (CARMICHAEL 1961: 8).

In Argumentationszusammenhängen der genannten Art taucht der Begriff »Konservativismus« auf zwei Ebenen auf: der biologischen und der politischen. Stimmt man nur der Prämisse zu, so liegt es nahe, zu folgern, »daß wegen der konservativen und im wesentlichen unveränderlichen, weil eingeborenen anatomischen, physiologischen und psychologischen Merkmale des Menschen, auch einige der gesetzlichen, ethischen, ästhetischen und anderen Werte der Menschheit, sind sie erst einmal entdeckt (discovered), auch als fix und unveränderbar angesehen werden« (8).

Der zitierte Satz wirft drei Fragenkomplexe auf, die sich bei jeder Diskussion um anthropologische Problemstellungen ergeben:

1. Stimmen die Prämissen, d. h. kann die menschliche Natur tatsächlich mit Begriffen wie »fix«, »unveränderlich«, »konservativ« u. ä. umschrieben werden?
2. Müssen, unter der Voraussetzung, daß die Prämisse stimmt, daraus auch die genannten Konsequenzen gezogen werden? Entspricht, mit anderen Worten, einer konservativen Anthropologie notwendigerweise eine konservative »Politik«?
3. Wie stellt sich das Verhältnis von »Anthropologie« und »Politik« dar, wenn man glaubt, nicht von der Annahme einer »fixen«, »unveränderlichen«, sondern von der Prämisse einer »variablen«, »veränderlichen«, menschlichen Natur ausgehen zu müssen?

An T. S. Eliots Definition, der den Konservativen als den Verteidiger der »permanent things« bezeichnet hatte, sich anschließend, gilt für den Konservativen die Überzeugung von der Konstanz der Menschennatur und die Auffassung, »daß gewisse dauerhafte Prinzipien von Ordnung, Gerechtigkeit und Freiheit durch ein Studium der menschlichen Natur und

Geschichte entdeckt werden können; das sind die ewigen Werte (permanent things), die er schätzt« (Kirk 1968: 581)*. Es liegt mir daran, in diesem Zusammenhang daraufhinzuweisen, daß ein Begriff wie »konservativ«, wird er auf historische Zusammenhänge bezogen, umstandslos nicht als ein pejorativer Terminus gemeint sein kann. Überhaupt müßte in jedem Einzelfall debattiert werden, inwiefern bei historischen Aussagen über *den* Menschen im heutigen Sinne von Anthropologie überhaupt gesprochen werden kann (Landmann 1962; Kritik dazu Marquard 1965: 223, ferner Willms 1970b: 48).

Eine anthropologisch anscheinend abgesicherte konservative Ethik, die auf die »permanent things« gegründet ist, hat ihre politischen Konsequenzen. Sie zeigen sich jedoch meist nicht direkt als politische, sondern vermittelt als pädagogische Programme, die gleichermaßen anthropologisch wie erziehungsökonomisch begründet werden:

»Wenn wir der Auffassung zustimmen, daß man im menschlichen Verhalten durchaus unveränderbare Elemente (absolutes) entdecken kann, muß man auch den Mut haben, diese zum Hauptinhalt der Erziehung zu machen ... Kein menschliches Wesen kann alles lernen. Ebensowenig sind alle Mitglieder einer Generation in ihren Fähigkeiten und Interessen gleich. Darum müssen wir das, was die Kinder in der Schule lernen sollen, auswählen und darüber entscheiden, was eigentlich gelehrt werden soll. Der Wahlspruch, ›Das Kind soll selbst entscheiden‹, vor allem in der frühesten Phase der Entwicklung, ist eine sonderbare Doktrin, die sich selbst widerlegt.

Wenn es aber tatsächlich Absoluta im menschlichen Verhalten gibt, so ist es völlig klar, daß sie so vielen Mitgliedern einer Generation wie nur möglich beigebracht werden soll-

* Die Berufung auf Natur *und* Geschichte deutet auf die Ableitung biologischer aus transkulturellen Konstanten. Wenn demgegenüber behauptet wird, eine konservative Einstellung sei mit der Annahme einer Konstanz der Natur nicht vereinbar (HUNTINGTON 1957: 459), so ist diese Behauptung weder wahr noch falsch: ihre Richtigkeit hängt von der jeweiligen historischen Situationen ab (s. S. 84 f. zur Kritik de Bonalds an Condorcet). Die Annahme natürlicher Konstanten alleine kann freilich nicht als konservativ gelten. In einem anderen, dem Kontext der Aufklärung, wird gerade die Auffassung, die menschliche Natur sei im Grunde nicht veränderbar und nur in geringem Umfang variationsfähig, als »progressiv« bezeichnet (VOGET 1967: 145).

ten. Man kann nur schwer der Überzeugung sein, daß selbst sprachliche und mathematische Fertigkeiten wichtiger sein sollen, als richtige Vorstellungen (correct ideas) darüber, was im menschlichen Leben wahr, gut und schön ist« (CARMICHAEL 1961: 11).

In der Debatte, die der Bundestag am 14. 10. 1970 über den von Bundeswissenschaftsminister Leussink eingebrachten Bildungsbericht der Regierung führte, der sich u. a. für die Einführung der Gesamtschule ausspricht, wurde dieser Bericht von der CDU/CSU-Opposition heftig kritisiert: »Während Leussink sich bemühte, die Gemeinsamkeiten der Regierung mit der Opposition in grundsätzlichen Fragen herauszustellen, unterstrich der CDU-Abgeordnete Martin die Unterschiede. Er warf Leussink vor, Vorschläge für die Neugestaltung des gesamten Bildungswesens unterbreitet zu haben, für die alle wissenschaftlichen Grundlagen fehlten. Es sollten nicht Klassenkampftheorien auf dem Umweg über eine ›mißverstandene Demokratisierung‹ in die Debatte über die Reform des Bildungswesens eingeführt werden. Man könne auch nicht ausschließlich das gegenwärtige Schulsystem für die weitgehend sozialbedingte Chancen-Ungleichheit verantwortlich machen. Entscheidend für die sozialbedingte Chancen-Ungleichheit sei vielmehr in erster Linie die mangelnde frühzeitige Förderung durch das Elternhaus. Der Bildungsbericht verschweige, daß es trotz aller Begabtenförderung auch gewisse genetische Grenzen gebe.« (TAGESSPIEGEL, 15. 10. 70, S. 2).

Auf dem Vorschulkongreß in Hannover (1970) sagte Gerhard Prause, Professor an der PH Lüneburg: »Als eine der entscheidenden Aufgaben der Vorschulerziehung wird die kompensatorische oder ausgleichende Erziehung genannt. Entgegen hin und wieder allzu optimistisch mißverstandenen Äußerungen darf von der gesicherten Tatsache ausgegangen werden, daß das genetische Begabungspotential eines jeden Menschen unterschiedlich groß ist, und daß wir kompensatorische, also ausgleichende oder ergänzende Wirkungen immer nur im Rahmen dieses vorgegebenen Potentials werden erzielen können.« (SPEICHERT 1970).

Ohne auf diese Argumente näher einzugehen, denen generell entgegengehalten werden muß, daß zwar »*Ausfälle* im intellektuellen Bereich auf Störungen der genetischen Ausstat-

tung zurückzuführen sein können«, daraus aber noch lange nicht der Schluß gezogen werden darf, daß auch »diverse Formen der Hochbegabung etc. auf (eine) bestimmte genetische Ausstattung zurückgehen« (SPEICHERT 1970), es vielmehr naheliegt, auf die Umweltabhängigkeit der Intelligenz hinzuweisen (LESSER, FIFER und CLARK 1965; vgl. RITTER und ENGEL 1970) – sollen die genannten Zitate nur die Verknüpfung einer politischen mit einer biologisch/anthropologischen Argumentationsstrategie demonstrieren.
Einerseits liefert die Anthropologie den Konservativen Begründungen für Werte, die unantastbar zum Inhalt der Erziehung sowie zum Ziel politischen wie ästhetischen (GEHLEN 1963: 64 ff.) Handelns in der Gesellschaft werden sollen. In Bezug auf die *Werte,* die aus anthropologischen Prämissen abgeleitet werden, können wir von einem *anthropologischen Universalismus* sprechen. Andererseits enthält eine konservative Anthropologie Aussagen über die *Subjekte,* die ihr Verhalten nach den genannten Werten auszurichten haben. Die Subjekte gelten dabei nicht nur ihren Interessen, sondern auch ihren Fähigkeiten (abilities) nach als verschieden. In diesem Sinne können wir von einem *anthropologischen Relativismus* sprechen. *Konservativ* kann eine bestimmte Anthropologie nicht alleine darum genannt werden, weil sie von der Annahme absoluter Werte ausgeht oder weil sie die Verschiedenartigkeit der menschlichen Individuen betont. Der konservative Zug liegt vielmehr in der Verbindung beider Annahmen, in jener politischen Auffassung, in der der Glaube an absolute ethische Werte mit der Überzeugung grundlegender menschlicher Ungleichheit verschmilzt.
Charakteristisch für konservative Anthropologien ist die Annahme eines »doppelten Naturzustandes«. So ist für John Locke (1632–1704) die Gesellschaft zwar aus gleichen, ununterschiedenen Individuen zusammengesetzt, besteht aber gleichzeitig natürlicherweise aus zwei Klassen, von denen die erste arbeitsam und vernünftig ist und daher akkumuliert und über Eigentum verfügt, während die zweite zwar auch arbeitet, doch nur um zu leben, nicht um zu akkumulieren. Darin spiegelt sich die Ambivalenz des aufstrebenden Bürgertums, »das formale Gleichheit der Rechte forderte, aber substantielle Ungleichheit der Rechte brauchte« (MAC PHERSON 1967: 278).

Am Verhältnis der Begriffe »Freiheit« und »Gleichheit« läßt sich nun ein weiteres entscheidendes Merkmal einer konservativen Anthropologie aufzeigen. In seinem großen Essay über das konservative Denken hat Karl Mannheim daraufhingewiesen, daß für den revolutionären Liberalismus die Rede von der Gleichheit aller Menschen keine *Tatsachenbehauptung*, sondern ein *Postulat* gewesen sei. Eine Problemverschiebung sei von dem Moment an eingetreten, da das konservative Denken dieses Postulat als eine Tatsachenbehauptung bekämpft habe*. Von da an wurde der konservative Freiheitsbegriff zu einem qualitativen, in den »Elementen der Staatskunst« definierte Adam Müller ihn als »das allgemeine Streben der verschiedenartigsten Naturen nach Wachstum und Leben« (MANNHEIM 1964: 430). Zum wahren Subjekt der Freiheit werden dann die »organischen Gemeinschaften«, die Stände.

Mannheims Interpretation kann freilich nicht generell akzeptiert werden. Was – wendet man sich der französischen Szene zu – etwa Marats Verfassungsplan von 1789 angeht, so zielt er an den entsprechenden Punkten tatsächlich »nur« auf die Chancengleichheit aller Menschen: Die Mitglieder des Staates sollen nämlich »ungefähr die gleichen Chancen vorfinden. Ich sage: ungefähr, denn man soll nicht eine absolute Gleichheit fordern, die in der Gesellschaft nicht bestehen kann und nicht einmal in der Natur besteht«. In der Annahme einer natürlichen Vielfalt der menschlichen Individuen, die erhalten werden müsse, scheint Marat sogar einen konservativen Topos zu übernehmen. Doch wird dieser Eindruck durch das Prinzip der Chancengleichheit, für das er mit Nachdruck eintritt, hinfällig.

Liest man aber die Konstitution von 1792, so muß auffallen, daß sie nicht mehr den folgenden Satz aus der Erklärung der

* So Rivarol, der der französischen Nationalversammlung vorwarf, sie habe sich nicht daran erinnern wollen, daß der politische Körper ein künstliches Wesen sei, das mit der Natur nichts zu tun habe, daß die Menschen ungleich geboren würden und die Gesetzeskunst darin bestehe, die natürlichen Ungleichheiten zu nivellieren: »Anstatt festzusetzen, daß das Gesetz für alle Menschen gleich sei, dekretierten sie, daß die Menschen von Natur aus ohne Einschränkung gleich seien« (RIVAROL 1964: 89 und 1956: 153). Als neuere Äußerung vgl. man den Hinweis Gehlens auf die katastrophalen Folgen, »wenn die Forderung der Gleichheit das empirische Feld des Ungleichen besetzt ...« (GEHLEN 1959: 9).

Menschen- und Bürgerrechte enthält: »Die Menschen werden gleich geboren und bleiben frei und gleich in ihren Rechten«, sondern nur noch die Gleichheit als gleiches Recht für alle definiert. In solchen Verschiebungen wird deutlich, daß die Aufgabe einer bestimmten anthropologischen Position nicht in erster Linie auf einer von Seiten der Konservativen initiierten Problemverschiebung in taktischer Absicht beruhte, sondern auf Inkonsistenzen der bürgerlichen Ideologie selbst zurückging. Davon wird im Kapitel »Zur Geschichte der Anthropologie«, u. a. im Hinblick auf Kant, noch die Rede sein.

*Der Begriff »Fähigkeit« und die Klassengesellschaft**

Die politischen Konsequenzen einer wie bei Carmichael definierten konservativen Anthropologie sind an konkreten Erziehungsprogrammen nachweisbar. So trennte der im gaullistischen Frankreich der sechziger Jahre entwickelte Fouchet-Plan grundsätzlich zwei Studiengänge, die sich in ihrer Dauer erheblich unterschieden und dementsprechend einen gänzlich verschiedenen Zugang zu bestimmten Laufbahnen erlaubten. Die Konstruktion dieser zwei Studiengänge (»études courtes« vs. »études longues«) wurde anthropologisch und bildungsökonomisch begründet: man könne es sich nicht mehr erlauben, hieß es, Schüler und Studenten mit ganz verschiedenen Fähigkeiten (aptitudes) in gleicher Weise auszubilden, die Differenzierung des Studienganges sei von Natur aus vorgegeben, »ihr wurde die Verantwortung für eine Politik des kulturellen Malthusianismus und der gesellschaftlichen Diskriminierung zugeschoben« (SEVE 1969: 21). Demgegenüber haben die Pläne zur Schulreform, die von der Kommunistischen Partei Frankreichs entwickelt wurden, die

* Die folgenden Darlegungen beruhen zum größten Teil auf Ausführungen, die Noëlle Bisseret vom Centre National de la Recherche Scientifique (Paris) beim VII. Weltkongreß für Soziologie in Varna (Bulgarien), 14.–19. September 1970, gemacht hat. Ihr Referat »Notion d'aptitude et société de classes. Contribution à l'étude de la dominance sociale«, das sich auf die Darstellung französischer Zustände beschränkt, ist überarbeitet in den »Cahiers Internationaux de Sociologie« erschienen: in Vol. III (1971) hat »The Human Context« (London) eine deutsche Übersetzung von Henning Ritter publiziert.

Annahme einer unveränderlichen menschlichen Natur kritisiert, ihr Bildungsprogramm also ebenfalls anthropologisch legitimiert.

Deutlich wird in diesem Zusammenhang, welche *politische* Funktion ein Begriff wie derjenige der »menschlichen Fähigkeiten« zu spielen vermag. Es ist dabei von Vorteil, von Fähigkeit (aptitude) und nicht von Bedürfnis (besoin) zu sprechen. Was die konkrete Analyse der verschwiegenen oder offenkundigen anthropologischen Prämissen pädagogischer Programme angeht, so ist der Begriff der Fähigkeiten von größerem Wert. Weil der Bedürfnisbegriff nämlich das von Natur aus (angeblich) Notwendige bezeichnet, gibt es kein pädagogisches Programm, das Bedürfnisse nicht befriedigen will und damit gegen die Natur entworfen wäre. Der Begriff der Fähigkeiten dagegen setzt nicht diese Fähigkeiten selbst als natürlich voraus, sondern ihre ungleiche Verteilung. Ein »natürliches« Erziehungssystem muß Bedürfnisse erfüllen, Fähigkeiten aber *gerecht werden*, was nichts anderes bedeutet als die gesellschaftliche Bestätigung (angeblich) natürlicher Ungleichheit.

Im »Ancien Régime«, der vorrevolutionären Gesellschaft Frankreichs, drückt der Begriff »Fähigkeit« keinen Rangunterschied aus: Physische oder mentale Defekte sind gottgegeben und können ebenso durch göttliche Gnade wieder beseitigt werden. *Wunder besiegen die Naturgesetze.* In der zweiten Hälfte des 18. Jahrhunderts, der vorrevolutionären Epoche, verliert der Begriff seinen theologischen Bezug. Die Bourgeoisie spricht zwar von »Fähigkeiten« als »natürlichen Dispositionen«, doch proklamiert sie gleichermaßen den Sieg der Erziehung über die Natur, zwei Jahre vor der Revolution notiert der Abbé Féraud: »Die Gewohnheit (– die uns durch Erziehung vermittelt wird –) hat eine ebenso große wenn nicht größere Macht über uns als die Neigungen der Natur«.

Diese Argumente sind gegen einen theologischen Begriff von »Fähigkeiten« gerichtet, den der Adel vergeblich aufrechtzuerhalten versucht. Die aufstrebende Bourgeoisie entwickelt demgegenüber das strahlende Bild einer Gesellschaft, die, von aller Ungleichheit befreit, sich zu unendlichen Fortschritten weiterentwickelt. Seit 1762 von der Bourgeoisie gefordert, proklamiert die Konstituante die öffentliche, unentgeltliche Erziehung aller. Das Dekret vom 21. Oktober 1793 begründet die sogenannten »Ecoles Primaires d'Etat«. Lakanal organisiert die »Ecoles Centrales« und die »Ecoles Normales«, neue Institutionen wie die »Ecole Polytechnique« werden errichtet. Der egalitäre Gebrauch des Begriffs »Fähigkeit« korrespondiert einem Vokabular, in dem man nicht mehr vom niederen Volk (bas peuple), sondern vom Volk (peuple) spricht, in dem nicht mehr von unteren Klassen (bas classes), sondern von der »Arbeiterklasse« (classe ouvrière) die Rede ist. Das Wort »Arbeiter« verliert seine pejorativen Konnotationen: während im 17. Jahrhundert »ouvrier« einen verkommenen Menschen bedeutet, lautet die Definition eines nach der Revolution erschienenen Wörterbuches: »Jemand, der mit der Hand arbeitet«.

Zur gleichen Zeit freilich, in der die Bourgeoisie ihre egalitäre Ideologie proklamiert, befördert sie die Entstehung und Verbreitung *politischer Ungleichheit:* das sogenannte »allgemeine« Wahlrecht schließt von eben diesen »allgemeinen« Wahlen die Frauen und die Domestiken aus. Dennoch hält die Bourgeoisie zunächst an ihrer egalitären anthropologischen Ideologie fest – wird freilich immer mehr genötigt, Ideologie und Realität durch spitzfindige Konstruktionen miteinander zu versöhnen. Im Jahre 1830 hat die französische Bourgeoisie endgültig die Macht errungen (Moraze 1957). Dem neu entstehenden Proletariat wird das Wahlrecht praktisch vorenthalten, da es an das Eigentum gebunden ist. Den Begriff der Gleichheit, den sie einst politisch-polemisch gegen den Adel benutzte, wendet die Bourgeoisie jetzt nur auf die eigene Klasse an. Das Volksschulwesen bleibt den Jungen vorbehalten, das höhere Schulwesen ein Privileg der Reichen. Diese Trennung hatte das Bürgertum bereits anvisiert, bevor es die politische Macht endgültig errungen hatte, Condorcet (1743–1794) wollte die höheren Schulen den Kindern jener Eltern reservieren, die sich eine längere Ausbildung ihrer Kinder überhaupt leisten konnten*.

1793 verfaßte Michel Le Pelletier den Entwurf einer Nationalen Erziehung, der wenig später von Robespierre dem

* Zur Auseinandersetzung zwischen Condorcet und de Bonald vgl. das im Kapitel »Zur Geschichte der Anthropologie« Gesagte (S. 84 f.)

Konvent vorgelegt wurde. Der Plan des Komitees für den Öffentlichen Unterricht sah vier Unterrichtsstufen (Primärschulen, Sekundärschulen, Höhere Lehranstalten, Gymnasien) vor. Dabei sollte ein »allgemeiner Unterricht« für jedermann garantiert werden, »der den Bedürfnissen aller angemessen ist und den die Republik allen schuldet« (De Sade 1962: 1197). Weil aber nur einige Kinder »besondere Fähigkeiten und Veranlagungen zeigen«, sollten die höheren der genannten Stufen, »die nur einer kleinen Anzahl von Menschen nützlich werden können«, ihnen vorbehalten bleiben.
Den realen Ungleichheiten, die ihre politische und ökonomische Herrschaft mit sich gebracht hat, konfrontiert, wird die Bourgeoisie gezwungen, eine Ideologie zu entwickeln, die diese sichtbaren Ungleichheiten auch anthropologisch rechtfertigt. Diese werden jetzt nicht mehr theologisch, sondern naturwissenschaftlich begründet: Anthropometrie und Schädellehre gewinnen im Kanon der bürgerlichen Wissenschaften eine immer größere Bedeutung. Quételet will mit der Untersuchung des »homme moyen« ebenso zur Organisation des sozialen Systems beitragen, wie den Ausbau der »science de l'homme« vorantreiben. Wenn auch Quételet selbst meint, seine Untersuchungen ohne vorgefaßte Interessen zu betreiben, werden diese schon in der Auswahl seiner Untersuchungsgegenstände allzu deutlich. Um etwa die Entwicklung der intellektuellen Fähigkeiten komparativ darstellen zu können, vergleicht er die Theaterproduktionen Frankreichs und Englands miteinander – weil für ihn aus methodologischen Gründen eine Wissenschaft, die sich mit dem sozialen System befaßt, zunächst auf die Völker (peuples) beziehen muß. Gleichzeitig sind damit aber schichtspezifische Zuordnungen bestätigt: unter den Theaterautoren befinden sich eben keine Proletarier. Obwohl – als gleichsam moralisches Pendant zur methodologischen Konzentration auf den »homme moyen« – in Anlehnung an Aristoteles die Tugend im Maß gesehen und jeder Exzeß verurteilt wird, wird doch die Entwicklung der Menschheit und ihr Fortschritt am großen Mann, »dans sa spécialité«, gemessen (Quetelet 1835 II: 281). Wenn auch die moralischen Phänomene gerade in großer Zahl beobachtet werden, um sie wie die physischen Erscheinungen untersuchen zu können, entziehen sich die Taten der Genies einer solchen statistischen Analyse: sie prägen die Geschichte, de-

ren Analyse Quételet in seiner »physique sociale« freilich nicht leisten will.
Klassenunterschiede sind für die Phrenologen letztlich Folgen eines unterschiedlichen Hirnvolumens. Dabei wird nicht generell der Einfluß der Erziehung geleugnet. Aus der Biographie berühmter Männer glaubt man schließen zu können, daß ihre Erziehung sie kaum beeinflußt hat: dies gilt für Idioten wie für Genies gleichermaßen – der Psychopathologie der Zeit und ihrer Auffassung von den Extremen, die sich berühren, entsprechend. Nur auf die »natures moyennes« wirkt die Erziehung, diese sind aber in der Geschichte den »natures supérieures« gegenüber auch nur der reagierende Teil (Ribot 1902).
Die Vererbungsforschung der Zeit kommt darüber hinaus zu Aussagen, die uns heute nicht nur ideologisch, sondern auch naiv anmuten; sie zeigen, daß eine bestimmte Fragestellung – die nach der gesellschaftlichen Beeinflussung auch der individuellen Biographie – noch gar nicht ins Bewußtsein gedrungen war. Sir Francis Galton (1822–1911) etwa, der englische Vererbungsforscher, konnte die Tatsache, daß der Sohn eines berühmten Mannes gegenüber dem Sohn eines Unbekannten eine 24fach höhere Chance, berühmt zu werden, besaß, unbefangen als Vererbungsphänomen klassifizieren (Malson 1964: 17).
Zur gleichen Zeit versucht man nachzuweisen, daß Neger und Weiße nicht von den gleichen Vorfahren abstammen können. Dieser Versuch hat seine Tradition. Zwar gliedert Linné (1707–1778) im »Systema Naturae« den Menschen in die allgemeine Reihe der Lebewesen ein und faßt den Menschen und die höheren Affen im Begriff der »Primaten« zusammen (s. S. 96 f.), doch trennt er den *homo sapiens* vom *homo troglodytes,* ohne sich dazu entschließen zu können, zwischen beiden entweder eine Verwandtschaft annehmen zu sollen oder jede Verbindung zu leugnen (Leguebe 1963: 120). 1799 mißt Charles White in seinem »Account of the regular gradation in man and in different animals and vegetables from former to the latter« das Verhältnis von Unterarm- zu Gesamtarm-Länge und glaubt daraus statistisch auf eine Mittelstellung des Negers zwischen Weißen und Affen schließen zu können. Chamfort hatte die Armen als die Neger Europas bezeichnet, nun werden schon die Entwick-

lungen sichtbar, die u. a. aus den Negern das Proletariat der ersten Welt machen sollten. Das Thema hat seine Attraktivität bis in die Beibehaltung der traditionellen Metaphern bewahrt: die Auseinandersetzung zwischen Maxime Rodinson und Claude Lévi-Strauss über Papua und Proletarier ist dafür ein aktueller Beweis.*

Aufs neue gewinnt der Begriff »Arbeiter« nun eine pejorative Färbung: so wird derjenige bezeichnet, der eine mechanisierte Tätigkeit ausübt, zu der Intelligenz auf gar keinen Fall notwendig ist, wie es in einem Wörterbuch von 1826 heißt. Intelligenz wird zu einem anthropologischen Merkmal der bürgerlichen Klasse. 1831 wird folgerichtig der Steuersatz für die »capacités«, die Intellektuellen also – der Begriff existiert noch nicht – gesenkt. Der Ausdruck »Fähigkeit« (aptitude), der einst auf den theologischen Begriff der Gnade verwies, dann vom Bürgertum als ein Terminus der Gleichheit aller Menschen polemisch wider den Adel benutzt wurde, bezeichnet nun die Gesamtheit der unverrückbaren, vererblichen Eigenschaften eines Individuums. Die Biologie, nicht die Ökonomie soll die Klassenverhältnisse prägen.

Der Versuch einer proletarischen Revolution im Jahre 1848 scheitert, Industrie und Handel weiten sich in ungeheurem Maße aus. Die prosperierende Industrie bedarf neuer, vor allem ausgebildeter, Arbeitskräfte und Spezialisten. Im Jahre 1867 werden Volksschulen für Mädchen errichtet, ab 1881 wird der Volksschulunterricht vom Staat voll übernommen, er ist obligatorisch und kostenlos. Die Trennung der Grund- von den höheren Schulen bleibt freilich bestehen, wie es heißt, sollen in den Grundschulen, in die das Proletariat geschickt wird, die Jungen für ihre Aufgaben als Soldat und Arbeiter, die Frauen zur Haushaltsarbeit ausgebildet werden.

* Maxime Rodinson hatte Lévi-Strauss – unter Stützung auf ein Argument aus »Tristes Tropiques« – vorgeworfen, mit seinem Plädoyer für den (kulturellen) Relativismus »Billancourt in Verzweiflung zu stürzen«. Daraufhin antwortete Lévi-Strauss, Billancourt, das kommunistische Pariser Viertel, als Synonym für »Proletariat« benutzend: »Billancourt verdiente wenig Interesse, wenn es meinte, als ein Kannibale auf seine Art (und schlimmer als die Menschenfresser, denn es wäre ein Kannibale *im Geiste*), für seine intellektuelle und moralische Sicherheit sei es notwendig, daß die Papua nur dazu taugten, Proletarier abzugeben.« (LEVI-STRAUSS 1967: 361).

1852 veröffentlicht Gobineau seinen »Essay über die Ungleichheit der menschlichen Rassen« (Essai sur l'inégalité des races humaines), in dem diese politische Funktion der Biologie am deutlichsten zum Ausdruck kommt: Klassen wie Nationen ist ihr Schicksal von Natur her vorbestimmt. 1869 erscheint Galtons Buch »Hereditary Genius«, in dem er zu zeigen versucht, daß die geistigen Fähigkeiten eines Volkes einer Gauß'schen Normalverteilung entsprechen.
Im Jahre 1864 erkämpfen sich die französischen Arbeiter das Streikrecht, 1867, das Jahr, in welchem Marx »Das Kapital« veröffentlicht, ist ein Jahr der schweren Streiks. Die Commune von 1871 ist der Höhepunkt der schweren sozialen Auseinandersetzungen. Eine erneute, von den gesellschaftlichen Umwälzungen erzwungene Umbildung der bürgerlichen Anthropologie wird notwendig. Mit Saint-Simon muß sich die Bourgeoisie nun dazu bereit finden, in »Befähigung (capacité) *und* Arbeit« eine Rechtfertigung des Eigentums zu sehen. Zwar hält man an der Auffassung von der biologischen Verursachung sozialer Ungleichheiten fest, doch gesteht die Bourgeoisie ein, die Fähigkeiten des einzelnen vielleicht falsch eingeschätzt zu haben. »Der Einklang zwischen den Fähigkeiten des Individuums und den Tätigkeiten, die sie ausüben, scheint gebrochen«, schreibt Durkheim, »der Zwang alleine scheint die Menschen an ihre Funktionen zu ketten« (DURKHEIM 1893). Jetzt entsteht die Idee, soziale Konflikte könnten durch eine Psychologie gelöst werden, die die wahren Fähigkeiten eines jeden entdeckt und ihn an den Platz stellt, der ihm zu Recht kraft seiner natürlichen Fähigkeiten zukommt. Zwar glaubt die Bourgeoisie nach wie vor an die biologische Determination sozialer Konflikte – doch gibt sie immerhin zu, die biologischen Faktoren gelegentlich vorschnell und inkorrekt ermittelt zu haben. Die Psychologie beginnt daraufhin, in verstärktem Maße quantitative Methoden anzuwenden – vor allem, um die Intelligenz so exakt wie möglich zu messen. Binet, einer der Begründer der Intelligenztests, träumt von einer unverrückbaren Harmonie zwischen Arbeitgebern und Arbeitern, die dadurch zustande kommt, daß jeder seinen Fähigkeiten entsprechend beschäftigt wird und der Gesellschaft kein Quentchen psychischer Kraft verloren geht (BINET 1908).

Zur Geschichte der Anthropologie

Einleitende Bemerkungen

Friedrich Nietzsche hat in »Menschliches, Allzumenschliches« (1879) den »Erbfehler der Philosophen« folgendermaßen kritisiert:

»*Erbfehler der Philosophen.* – Alle Philosophen haben den gemeinsamen Fehler an sich, daß sie vom gegenwärtigen Menschen ausgehen und durch eine Analyse desselben ans Ziel zu kommen meinen. Unwillkürlich schwebt ihnen ›der Mensch‹ als eine *aeterna veritas*, als ein Gleichbleibendes in allem Strudel, als ein sicheres Maß der Dinge vor. Alles, was der Philosoph über den Menschen aussagt, ist aber im Grunde nicht mehr als ein Zeugnis über den Menschen eines *sehr beschränkten* Zeitraumes. Mangel an historischem Sinn ist der Erbfehler aller Philosophen; manche sogar nehmen unversehens die allerjüngste Gestaltung des Menschen, wie eine solche unter dem Eindruck bestimmter Religionen, ja bestimmter politischer Ereignisse entstanden ist, als die feste Form, von der man ausgehen müsse. Sie wollen nicht lernen, daß der Mensch geworden ist, daß auch das Erkenntnisvermögen geworden ist; während einige von ihnen sogar die ganze Welt aus diesem Erkenntnisvermögen sich herausspinnen lassen. – Nun ist alles *Wesentliche* der menschlichen Entwicklung in Urzeiten vor sich gegangen, lange vor jenen 4000 Jahren, die wir ungefähr kennen; in diesen mag sich der Mensch nicht viel mehr verändert haben. Da sieht aber der Philosoph ›Instinkte‹ am gegenwärtigen Menschen und nimmt an, daß diese zu den unveränderlichen Tatsachen des Menschen gehören und insofern einen Schlüssel zum Verständnis der Welt überhaupt abgeben können: die ganze Teleologie ist darauf gebaut, daß man vom Menschen der letzten vier Jahrtausende als von einem *ewigen* redet, zu welchem hin alle Dinge in der Welt von ihrem Anbeginne eine natürliche Richtung haben. Alles aber ist geworden; es gibt *keine ewigen Tatsachen*: so wie es keine absoluten Wahrheiten gibt. – Demnach ist das *historische Philosophieren* von jetzt ab nötig und mit ihm die Tugend der Bescheidung«

(NIETZSCHE 1967 I: 234). Unmittelbar dazu gehört die spätere Bemerkung über den »unveränderlichen Charakter«:
»*Der unveränderliche Charakter.* – Daß der Charakter unveränderlich sei, ist nicht im strengen Sinne wahr; vielmehr heißt dieser beliebte Satz nur soviel, daß während der kurzen Lebensdauer eines Menschen die einwirkenden Motive nicht tief genug ritzen können, um die aufgeprägten Schriftzüge vieler Jahrtausende zu zerstören. Dächte man sich aber einen Menschen von achtzigtausend Jahren, so hätte man an ihm sogar einen absolut veränderlichen Charakter: so daß eine Fülle verschiedener Individuen sich nach und nach aus ihm entwickelte. Die Kürze des menschlichen Lebens verleitet zu manchen irrtümlichen Behauptungen über die Eigenschaften des Menschen« (261).

Die lange Phase der Enthistorisierung, die die Sozialwissenschaften hinter sich haben, erlaubt es, den Erbfehler, den Nietzsche den Philosophen zuschrieb, heute auch den Soziologen anzukreiden. Da es zu den traditionellen Strategien der sozialwissenschaftlichen Disziplinen gehört, einer historischen eine anthropologische (als a-historische) Analyse entgegenzusetzen, muß eine soziologische Anthropologie in besonderem Maße darauf bedacht sein, sich der historischen Bedingtheit ihrer Aussagen zu vergewissern, um so mehr, als durchaus davon gesprochen werden kann, daß die (ethnologische) Anthropologie als »Wissenschaft der Geschichte« ihren Anfang genommen hat (HARRIS 1968: 1).

Im gleichen Maße sollte auch die »Geschichte der Anthropologie als anthropologisches Problem« (HALLOWELL 1965) betrachtet werden – das gilt nicht nur, wie Hallowell sie skizziert hat, für die Geschichte der ethnologischen, sondern auch für die Geschichte der biologischen Anthropologie. Der programmatische Vorschlag, Beziehungen zwischen historischen Ereignissen, wechselnden intellektuellen Strömungen und anderen Faktoren aufzudecken, die die Art der anthropologischen Fragen beeinflußten und die Antworten, die darauf gegeben wurden (27), ist in Teilbereichen bereits konkretisiert worden: Dazu gehört etwa W. E. Washburns Untersuchung zur Abhängigkeit des Indianer-Images von den jeweiligen ökonomischen Beziehungen der weißen Amerikaner zu den Ureinwohnern Amerikas (WASHBURN 1957: 54) oder Noëlle Bisserets begriffskritische Skizze zum Begriff »aptitude«.

Die Geschichte der (biologischen und ethnologischen) Anthropologie muß daher wissenssoziologisch betrachtet, nicht nur als interner dogmengeschichtlicher Ablauf dargestellt werden. Nur so kann eine historische Anthropologie auch den Forderungen der Historiker gerecht werden: auf dem Umweg über die Soziologie (s. S. 38 f.). Im folgenden gebe ich Andeutungen zu einer solchen möglichen Geschichte der Anthropologie in wissenssoziologischer Perspektive. Ein wichtiges Vorstadium dazu ist einmal die Weckung des historischen Bewußtseins auch im Bereich anthropologischen Fragens und die Differenzierung von traditionell einseitig betrachteten Problemfeldern. Dem dient insbesondere der Hinweis auf die »Diskussion« zwischen de Bonald und Condorcet (S. 84 f.). Von Bedeutung ist in diesem Zusammenhang die Datierung der Anthropologie in die Zeit der Aufklärung (VOGET 1967; HARRIS 1968), womit meist ein Hinweis auf die Progressivität der »frühen« Anthropologie verbunden ist. Diese Charakterisierung ist genauso einseitig wie jene, die in der (ethnologischen) Anthropologie nichts anderes zu sehen vermag als ein »Kind des Imperialismus« (vgl. S. 47). Will man nicht, meist aus Gründen der Legitimation, die Anthropologie bis in die Renaissance oder zu Herodot zurückverfolgen, so liegt es nahe, sie als Erbin der bürgerlichen Gesellschaft zu bezeichnen und ihr, wie der Soziologie, damit sowohl ein kritisches wie ein konservatives Erbe (HABERMAS 1967: 215 f.) zuzuschreiben*.

Diese doppelte Vergangenheit der Anthropologie läßt sich vielfach belegen. Lichtenberg ist dafür nur ein Beispiel. Zunächst einmal war er zurückhaltend in seinen anthropologischen Äußerungen: »Ich glaube nach meiner Erfahrung schlechterdings an keinen großen Unterschied unter den Menschen«, sagt er, um sogleich, in Klammern, den Zusatz anzufügen: »Etwas gemildert muß dieses Alles werden« (MAUTNER 1968: 454). Den Entdeckungen gegenüber war er

* Das bedeutet natürlich keine Kritik an Versuchen, die Genealogie der (biologischen und ethnologischen) Anthropologie möglichst weit zurückzuverfolgen (HODGEN 1964; ROWE 1965; SLOTKIN 1965; MORAVIA 1970). Die Schwierigkeit liegt nur darin, daß nicht immer vom gleichen Begriff »Anthropologie« gesprochen werden kann. Wo das dennoch geschieht, wird keine Geschichte der Anthropologie geschrieben, sondern mit Hilfe der Äquivokationen des Anthropologie-Begriffs ein historisches Kontinuum bloß konstruiert.

skeptisch (s. S. 98), wenn er auch, als Dr. Solander und Sir Joseph Banks, die Begleiter Cooks, ihn mit dem »Wilden« Omai aus Tahiti bekannt machten, das »nicht unangenehme« Gefühl verspürte, seine rechte Hand »in einer andern zu sehen, die gerade vom entgegengesetzten Ende der Erde kam« (132).

Am deutlichsten wird Lichtenbergs »Ambivalenz« – ein vielleicht etwas zu scharfer Ausdruck für seine ganz unbestreitbare Fortschrittlichkeit, die nur an die Grenzen seiner Zeit gebunden war – in seiner Meinung zum Rassenproblem: »Ich will nur etwas weniges für den Neger sagen, dessen Profil man recht zum Ideal von Dummheit und Hartnäckigkeit und gleichsam als Asymptote der europäischen Dummheits- und Bosheitslinie ausgestochen hat. Was Wunder? da man Sklaven, Matrosen und Pauker, die Sklaven waren, einem Candidat en belles lettres gegenüberstellt. Wenn sie jung in gute Hände kommen, wo sie geachtet werden wie Menschen, so werden sie auch Menschen; ich habe sie bei Buchhändlern in London über Büchertitel sogar mit Zusammenhang plaudern hören, und mehr fürwahr verlangt man ja kaum in Deutschland von einem Bel-Esprit. Sie sind äußert listig, dabei entschlossen und zu manchen Künsten außerordentlich aufgelegt und sollten daher, da der Versuche mit ihnen so wenige sind, gar nicht von Leuten verachtet werden, die immer von Anlage ohne Bestimmung und Kraft ohne Richtung plaudern. Gegen ihre westindischen Schinder sind sie nicht treulos, denn sie haben ihren Schindern keine Treue versprochen. Der weiße dünnlippige Zuckerkrämer ist der Nichtswürdige im Handel« (Kaestner 1960: 156/157).

Die Grenze der Aufklärung, zu der Lichtenberg fähig war, liegt in einem Begriff wie dem des Bel-Esprit*. So sehr in Äußerungen wie der zitierten Lichtenbergs, die natürlich an den Realitäten der Zeit gemessen werden müssen, das aufklärerische Moment vorherrscht – in ihnen liegt auch der Keim zu jenem subtilen Eurozentrismus der anthropologischen Theorien verborgen, der erst jetzt in der Diskussion um die »Entwicklungs«-Länder recht deutlich wird, wenn wir nach

* Voltaire verhält sich in »L'ingénu« (1767) ganz ähnlich, wo er die Geschichte eines Huronen erzählt, der den Franzosen an Humanität einiges voraus hat. Denn der »Hurone« stammt doch von Zivilisierten ab und ist letztlich nur ein verkappter Franzose.

der Zielvorstellung fragen, die in dem gängigen Begriff von »Entwicklung« eingeschlossen ist.
In Konstruktionen wie denen des »wilden Denkens« (LEVI-STRAUSS 1968) wird der Versuch sichtbar, diesen subtilen Ethno- und Eurozentrismus abzubauen; er knüpft an die Aufklärung an, aber er nimmt sie von Kritik nicht aus. Man vergleiche etwa die oben zitierte Schilderung Lichtenbergs mit der folgenden nostalgischen Passage aus »Tristes Tropiques«, die von einem Indianer berichtet, »der wunderbarerweise ganz allein der Ausrottung der noch wilden kalifornischen Stämme entgangen war, und der jahrelang völlig unbekannt in der Nachbarschaft großer Städte lebte, die Steinspitzen seiner Pfeile schleifend, um zu jagen. Allmählich jedoch verschwand das Wild; man entdeckte eines Tages den Indianer nackt und ausgehungert am Rande einer Vorstadt. Er verbrachte den Rest seines Lebens als Pförtner der Universität von Kalifornien« (LEVI-STRAUSS 1955: 52)*.

In diesem Rahmen kann nicht eine Geschichte der Anthropologie geliefert werden (vgl. MÜHLMANN 1968) – wohl aber zur »Entstehung« der Anthropologie einiges gesagt werden. Auch wenn das Wort »anthropologia« erst seit dem 16. Jahrhundert bekannt zu sein scheint (MARQUARD 1965: 211), hat es natürlich vorher in einem gewissen Sinne »Anthropologien« gegeben. Wenn man der Auffassung ist, daß die werthaften Voraussetzungen menschlicher Weltinterpretation den Tiefenschichten unseres phylogenetischen Erbes sowie »echten Invarianzen des Naturlaufes« entstammen (TOPITSCH 1969: 13 ff.; 29/30), so ist Anthropologie immer dort schon vorhanden, wo der Mensch sich stellungnehmend zu sich selbst und zur Welt verhält, also bereits im Mythos. Derart könnte eine »Paläogeschichte« der Anthropologie ermittelt, für jede menschliche Epoche entdeckt und beschrieben werden, was Dilthey als »natürliches System« (DILTHEY 1964: 283 ff.) bezeichnet hat.
Hier kommt es nur darauf an, auf den Ursprung einer bestimmten Anthropologie aufmerksam zu machen, die Ent-

* Ich zitiere eine unveröffentliche Übersetzung des auf Deutsch noch nicht publizierten Kapitels aus »Tristes Tropiques«: »Comment on devient ethnographe« von Henriette Beese.

stehung jener Disziplin »Anthropologie«, die sich im 18. Jahrhundert vollzieht, während mit der Philosophie Hegels der anthropologische Horizont bereits wieder »verdunkelt« (Mühlmann 1968: 67) und Anthropologie aufs neue zugunsten von Geschichtsphilosophie »degradiert« wird (Marquard 1965: 217).

Die Anthropologie entsteht in einer dreifachen Absetzbewegung: in der Distanzierung gleichermaßen von der traditionellen Metaphysik, der mathematischen Naturwissenschaft und der Geschichtsphilosophie (Marquard 1965: 211). Nur die letzte kann uns hier interessieren, weil aus der Distanzierung von der Geschichtsphilosophie nicht nur die Anthropologie, sondern auch die Soziologie sich entwickelt (vgl. dazu Habermas 1967: 215 ff.). Der Anthropologie kommt dabei ein ausgezeichneter Ort zu: bei den Begründern der wissenschaftlichen Soziologie, bei Comte (1798–1857) wie bei Saint-Simon (1760–1825), krönt die Anthropologie die Hierarchie der Wissenschaften (Claessens 1966: 124), werden die Politiker letztlich zu Physiologen (Misch 1969: 76).

Mit der bürgerlichen Gesellschaft entsteht auch die von der Geschichtsphilosophie sich absetzende Anthropologie – sie wird daher nicht ohne Berechtigung als »bürgerliche« Wissenschaft bezeichnet. In Adam Fergusons (1723–1816) »Abhandlung über die Geschichte der bürgerlichen Gesellschaft« (An Essay on the History of Civil Society, 1767), einer der ersten Reflexionen über den Gegenstand überhaupt, wird der erste Teil »Über die Grundzüge der menschlichen Natur« (Ferguson 1923: 1–102) genannt und demonstriert so den Zusammenhang von bürgerlicher Gesellschaft und Anthropologie. Die Herausbildung der Anthropologie drückt das Vertrauen der aufstrebenden Bourgeoisie in sich selbst aus: die Berufung auf das Allgemein-Menschliche wird zur Offensiv-Ideologie gegenüber dem weithin noch theologisch argumentierenden Adel. Eine Bewegung der »Säkularisierung« zeigt sich auch darin, daß erst von diesem Jahrhundert ab – paradigmatisch ausgedrückt in Lamettries »L'homme machine« (1747) – der Mensch in den Bereich der mechanisch erklärbaren Naturobjekte miteinbezogen wird (Nobis 1967: 37).

Die »Entstehung« der Anthropologie ist mit dem Aufschwung

der Naturwissenschaften eng verbunden. 1771 entdeckten Priestley und Scheele unabhängig voneinander den Sauerstoff, 1783 zerlegt Lavoisier Wasser in Sauerstoff und Wasserstoff, im gleichen Jahr erfindet Volta den Kondensator, wird die tierische Elektrizität entdeckt, steigt in Annonay die erste Montgolfière auf (LEIBBRAND 1956: 65). Da aber das 18. Jahrhundert das Zeitalter der wissenschaftlichen Chemie, noch nicht das der Biologie ist, die erst im 19. Jahrhundert folgt (WOLF 1950: 6), ist die Anthropologie nicht Natur*wissenschaft*, sondern Natur*philosophie* – wie die Physiologie, die zwar »Naturlehre des Menschen« (BISCHOFF bei LEIBBRAND 1956: 139), »wissenschaftliches Gemälde des Lebens« (WILBRAND bei LEIBBRAND 1956: 130), »Erfahrungswissenschaft« (BURDACH bei LEIBBRAND 1956: 118) sein soll, gleichzeitig aber auch »natürliche Theologie« (LEIBBRAND 1956: 117/118).

Diese emphatische Bedeutung, die die romantische Natur*philosophie* der Physiologie zuschreibt, wird im Zeitalter der aufkommenden Natur*wissenschaft* nicht geringer: für »Ideologen« wie Cabanis setzen sich die Wissenschaften vom Menschen aus Physiologie, Ideologie und Moral zusammen (MISCH 1969: 66), für Saint-Simon soll die Wissenschaft vom Menschen letztlich Physiologie sein (SAINT-SIMON 1964: 55/56), und die Politiker endlich werden zu Physiologen, die politische Probleme als Probleme der Hygiene behandeln (MISCH 1969: 76).

Aber obwohl sie den Status einer Wissenschaft erst später erreicht, bedeutet die Entstehung der Anthropologie durchaus eine Revolution – in dem doppelten Sinne, daß sich darin eine Paradigma-Verschiebung innerhalb des Wissenschaftskosmos anzeigt (KUHN 1967), zum anderen ein szientifischer Reflex der bürgerlichen Revolutionen damit sichtbar wird. Ohne daß wir ihren doppelten Weg hier nachvollziehen könnten, sei wiederholt, daß die Anthropologie von ihrer Entstehung an der Soziologie als Oppositions- und als Krisenwissenschaft zugeordnet werden kann, Moment der bürgerlichen politischen »Kritik« aber auch Ausdruck einer epochalen »Krise« (KOSELLECK 1959).

Wird heute, und nicht nur von marxistischer Seite, die Konjunktur der Anthropologie als ein »bürgerliches« Phänomen beschrieben, so drückt sich auch darin eine Ablösung von der

Geschichtsphilosophie aus – im Unterschied zum 18. Jahrhundert freilich, dem Beginn der bürgerlichen Epoche, steht weniger die Hoffnung auf Natur, als Verzweiflung über die Geschichte im Vordergrund: »Die Geschichte scheint erneut derart aussichtslos, daß einzig noch die radikale Nichtgeschichte, die Natur, als solider oder wenigstens praktikabler Bezugspunkt übrig bleibt; so ist die gegenwärtige Konjunktur der philosophischen Anthropologie und ihres Namens vor allem der Ausdruck für eine Krise des Vertrauens in die Geschichte und ihre Philosophie« (MARQUARD 1965: 219). Das gilt freilich nur für die philosophische Anthropologie – zwischen Historie und anthropologischen Einzeldisziplinen scheint heute eine Zusammenarbeit durchaus denkbar (S. 38 f.).

Fortschrittliche Anthropologie – Subtiler Ethnozentrismus. De Bonalds Kritik an Condorcet.

In seinem »Entwurf einer historischen Darstellung der Fortschritte des menschlichen Geistes« (Esquisse d'un tableau historique des progrès de l'esprit humain, 1794) hat der Marquis de Condorcet (1743–1794) dem Fortschrittsglauben der »philosophes« einen ins System gebrachten Ausdruck verliehen. Wenn es auch richtig ist, daß Condorcet »keine materiale Anthropologie« hat, weil nach ihm alles, was wir vom Menschen wissen, immer seine Geschichte ist (ALFF 1963: 18), läßt sich in der »Esquisse« nichtsdestoweniger ein Zusammenhang von biologischer und ethnologischer Anthropologie nachweisen.

Condorcet will »par le raisonnement et par les faits« – de Bonalds »Formel« lautet »par le raisonnement et par l'histoire« – zeigen, »daß die Natur der Vervollkommnung der menschlichen Fähigkeiten (facultés humaines) keine Grenzen gesetzt . . .«, daß »die Natur den Fortschritt der Aufklärung mit dem der Freiheit, der Tugend, der Achtung vor den natürlichen Rechten des Menschen unlöslich verknüpft hat« (CONDORCET 1963: 29, 39). Dieser Fortschrittsglaube ist untrennbar an die Überzeugung gebunden, daß die Gesetze, die im Universum herrschen, notwendig und beständig sind und die Entwicklung der intellektuellen und moralischen Fähigkeiten des Menschen prinzipiell mit Hilfe der gleichen Methoden analysiert werden kann, wie alle anderen Vorgänge in der Natur. Der Fortschritt in Wissenschaft und Technik läuft der Verbesserung in den Grundsätzen des Verhaltens (principes de conduite) parallel, beide tragen zur wirklichen Vervollkommnung des Menschen bei.

Im Verlaufe der Geschichte sollen sich die Unterschiede zwischen den Nationen ebenso ausgleichen, wie Fortschritte der Gleichheit bei ein und demselben Volke erzielt werden: hierin verknüpft Condorcet programmatisch biologische und ethnologische Anthropologie. Voraussetzung zur Entwicklung der Gleichheit ist dabei unter anderem die Aufhebung der Sprachdifferenzen, zwischen einer »langue plus grossière ou plus raffinée«. Ein »gut geleiteter Unterricht« soll die natürliche Ungleichheit in den Anlagen ausgleichen, statt sie zu verstärken. Das gleiche gilt für die Ungleichheit zwischen den Geschlechtern, die »keinen anderen Ursprung (hat), als den Mißbrauch der Gewalt« (383).

Die Vervollkommnung des menschlichen Geschlechtes und der Fortschritt in der Gleichheit soll dabei einerseits durch die Naturwissenschaften befördert werden, andererseits will Condorcet zeigen, wieviel vom Fortschritt in der Gleichheit »Mineralogie, Botanik, Zoologie und Meteorologie ... sich erwarten dürfen ...« (371).

Im Bereich der ethnologischen Anthropologie fügt Condorcet diesem Programm die Kritik an Sklaverei und Kolonialismus hinzu. Er schließt sich dabei der antikolonialistischen Tradition des achtzehnten Jahrhunderts an (Esquer 1952; Merle 1969). Montesquieu (»L'esprit des lois«), Voltaire (»Candide«, »Essai sur les mœurs«) und Helvétius (»De l'esprit«) hatten sich gegen die Sklaverei geäußert – ebenso Diderot in seinen Zusätzen für die »Histoire des deux Indes« des Abbé Raynal. Diese Kritik war freilich nicht ausschließlich humanitär orientiert, sondern beruhte bei einigen Autoren auf ökonomischem Kalkül. Dupont de Nemours sprach sich gegen die Sklaverei aus, weil sie nicht profitabel sei. Ein gewinnbringender Arbeitsertrag nämlich sei nur durch Eigenmotivation der Arbeitenden, nicht durch Zwang zu erreichen. Die »politische Arithmetik« könne beweisen, daß die Sklaverei absurd sei, »daß freie Arbeiter nicht teurer wären, sich glücklicher fühlten, weniger Gefahren mit sich brächten und

obendrein die doppelte Arbeit leisteten« (BENOT 1970: 159). Diese ambivalente pragmatische Orientierung geht auf theoretische Differenzen zurück.
Wenn auch die Enzyklopädisten in ihrer Theorie der menschlichen Natur (HUBERT 1923: 166–190) vom Prinzip der Einheit der Gattung und der konstitutionellen Identität aller Individuen ausgingen – wobei sie sich in der Annahme der biologischen Einheit der Gattung vornehmlich an Buffon und Leibniz orientierten – erlaubte diese Grundannahme doch Differenzen, die praktisch folgenreich sein sollten. So beruft sich Diderot im Artikel »Humaine (espèce)« der Enzyklopädie auf die Annahme der Einheit der Gattung, um gegen den Sklavenhandel mit den Negern zu protestieren, während Formey im Artikel »Nègres« in diesen eine besondere Art erblickt (BENOT 1970: 140).
Condorcet seinerseits wendet sich – wie Turgot in den »Réflexions sur la formation et la distribution des richesses« (1766/69) – gegen die Räuberkontore der Sklavenhändler. Deren Tun erscheint ihm um so verbrecherischer, als die Völker dieser »unermeßlichen Länder« nur darauf warten, »von uns die Mittel zu erhalten, die sie zu ihrer Zivilisation benötigen«(CONDORCET 1963: 353). Die Aufhebung von Despotie und Kolonialismus sah Condorcet aber nicht nur durch die Ausbeutung der Europäer, sondern auch durch die Gefahr eines »neuen Ansturms der Tataren auf Asien« und schließlich durch die zu zivilisierenden Länder selbst gefährdet: »Muß dann nicht die europäische Bevölkerung, indem sie auf diesem gewaltigen Territorium (= der Kolonien, W. L.) schnell anwächst und sich ausdehnt, die wilden Nationen, die dort noch weite Gebiete innehaben, zivilisieren oder selbst ohne Eroberung zum Verschwinden bringen (faire disparaître)?« (349).
Der Widerstand gegen den Zivilisierungsprozeß wird ohnehin immer schwächer ausfallen, da die »wilden Völker« in dem Maß zu einer kleineren Zahl zusammenschmelzen, »in dem sie von den zivilisierten Nationen zurückgedrängt werden, um unmerklich zu verschwinden oder in ihnen aufzugehen« (353). Der Widerstand gegen den Zivilisierungsprozeß ist dabei keineswegs verständlich, denn »diese Völker würden rascher und sicherer fortschreiten als wir, weil sie von uns all das empfingen, was wir erst erfinden mußten, und

weil sie, um die einfachen Wahrheiten, die sicheren Methoden kennenzulernen, auf die wir erst nach langem Irren gekommen sind, bloß deren Darlegungen und Beweise in unseren Abhandlungen und Büchern zu übernehmen brauchten« (355).
Die Differenz zwischen Condorcets Programm eines Fortschritts in der Gleichheit innerhalb eines Volkes und der zunehmenden Angleichung unter den Nationen wird sichtbar. Daß die Allgemeinheit von Vernunft, da »Sie die gleiche ist für jedes denkende Wesen«, die historischen Differenzen überwindet (Alff 1963: 7), gilt vornehmlich für die biologische Anthropologie; im Bereich der ethnologischen Anthropologie mag zunächst dahingestellt bleiben, ob der Vernunftbegriff Condorcets tatsächlich nicht repressiv ist und er gute Völker so wenig kennt wie böse (19, 24). Der Gegenaufklärer de Bonald (1754–1840) hat daran in seiner Kritik an Condorcet gezweifelt.
In seinen »Observations sur un ouvrage posthume de Condorcet ...« (De Bonald 1859 I: 721–742) hat de Bonald mit schneidender Ironie von dem fanatischen Gemälde gesprochen, das dieser Philosoph von seiner hypothetischen Gesellschaft entwerfe (721), einem Gesellschaftszustand, in dem endlich »alle Männer tugendhaft, alle Frauen fruchtbar und alle Familien reich sein würden« (737). Diese Ironie richtet sich dabei *nicht* gegen die Idee der unbeschränkten Perfektibilität des Menschen, an der de Bonald selbst festhält. Nur perfektioniert in seiner Theorie die Gesellschaft den Menschen, während Condorcet am Prinzip der Enzyklopädisten festhält, die Gesellschaft durch den Menschen, nicht umgekehrt, zu erklären (Hubert 1923: 171).
De Bonald kritisiert Condorcet en détail – zumal was die Rolle der Sprache und die der Frauen in einer künftigen Gesellschaft betrifft. Hier, wie in der prinzipiellen Frage, ob der Mensch die Gesellschaft oder diese ihn mache, will de Bonald sich auf die Fakten verlassen, »denn vielleicht schon bald werden Ereignisse die Prinzipien bestätigen, oder die Systeme hinwegfegen« (De Bonald 1859 I: 742).
Deutlicher noch als in der direkten Kritik ist de Bonalds Anti-These zu den Vorstellungen Condorcets im Bereich der biologischen Anthropologie in seiner »Theorie der gesellschaftlichen Erziehung« (De Bonald 1859 I: 741 ff.) niedergelegt. Da die Vernunft des Volkes in seinen Gefühlen liegt, muß man

diese leiten und daran denken, sein Herz und nicht seinen Geist zu formen. Eine Chimäre nennt de Bonald die Neigung derjenigen, die viel gelesen, wenig nachgedacht und noch weniger selbst beobachtet haben, an die große Zahl der verborgenen Talente zu glauben. Ganz abgesehen davon ist es für das moralische oder physische Wohl des Volkes unnötig, daß es lesen und schreiben kann, womit eigentlich auch die »petites écoles, ... dans les villes et villages« unnötig werden: was allen Menschen nottut, sind Religion, Sittlichkeit und ein ehrenhaftes Auftreten (747). Das Erziehungssystem soll daher das Klassengefüge reproduzieren: »Daher wird die Gesellschaft zu den öffentlichen Erziehungsanstalten alle an Körper und Geist gesunden Kinder zulassen, deren Familien *die Absicht und die Mittel** haben werden, ihnen eine gesellschaftliche Erziehung zu vermitteln« (De Bonald 1859 I: 763). Hätte es diese Art der öffentlichen Erziehung bereits früher gegeben, hätte Frankreich keine Revolution erlebt, weil es keine Revolutionäre gehabt hätte (760/761). Der Irrtum der Revolutionäre bestand eben darin, nicht zu sehen, daß sich *der* Mensch nicht geändert hatte – womit die einzige Voraussetzung entfiel, die Anlaß zu einer Revolution hätte sein können: »Wird der Mensch heute unter einem anderen Himmel und auf einer anderen Erde geboren, mit einem anderen Körper, einer anderen Seele, einer anderen Intelligenz, und anderen Bedürfnissen, so daß es notwendig wäre, eine andere Gesellschaft herzustellen und alles in der Welt zu ändern?« (De Bonald 1859 III: 1320).

Auch de Bonalds Kritik an Condorcet beruht auf einer Anthropologie, einer »philosophie de l'homme«, als die er seine »Recherches philosophiques sur les premiers objets de nos connaissances morales« verstanden wissen wollte (De Bonald 1859 I: 31). Im Bereich der biologischen Anthropologie, deren Grundsätze die Theorie der Erziehung prägen, zielt die »philosophie de l'homme« auf eine Verteidigung und Restaurierung der Positionen von Kirche und Monarchie. Dabei ist de Bonalds Kritik punktuell realitätsgerechter gewesen als die Utopie Condorcets, sie hat ferner – aus welchen Mo-

* Hervorhebung von W. L. Bei de Bonald das ganze Zitat kursiv. Die hervorgehobene Formulierung steht immer noch im Mittelpunkt anthropologisch-pädagogischer Debatten, siehe dazu Habermas' Kritik an Schelsky (HABERMAS 1961).

tiven auch immer – den Ethnozentrismus in dieser Philosophie des Fortschritts bloßgelegt.
Daß der Fortschritt der Gattung von den mathematischen Wissenschaften, den »sciences de calcul« herrühren soll, hat de Bonald bezweifelt, denn da die Naturwissenschaften nichts zur Tugend des Menschen beitragen, verbessern sie auch nicht sein Glück, und »die Menschen werden nicht besser und auch nicht eher die Herren ihrer Leidenschaften, wenn sie wissender werden« (727). De Bonald zeigt ein durchaus repressives Moment in der Fortschrittsidee Condorcets auf: »Wie viele Menschen werden nicht durch die Schwäche ihrer Ausstattung und ihrer Intelligenz zum Laster und zum Unglück verdammt, wenn man tatsächlich Gelehrter sein muß, um glücklich und gut zu sein!« (728). Und er erfaßt die Dialektik des Fortschritts, wenn er prophezeit, Technik und Wissenschaft würden vor allem die Ausweitung des Handels und die Ausdehnung des Luxus begünstigen, die letztlich, indem sie die Menschen korrumpieren, auch zur Zerstörung der Gesellschaft führen werden (728).
Am deutlichsten freilich hat de Bonald die Ambivalenz der Condorcet'schen Fortschrittskonstruktion aufgedeckt, als er zeigte, wie der Missionarismus hier lediglich vom Christentum in die (Aufklärungs-)Philosophie verschoben worden ist: »Man darf nicht vergessen, welchen Vorwurf die (Aufklärungs-)Philosophie an die europäischen Nationen gerichtet hat: die Bevölkerung der Länder, die sie in der Neuen Welt entdeckte, *auf eine kleine Zahl zusammengeschmolzen, zurückgedrängt und schließlich zum Verschwinden gebracht zu haben.* Ich möchte den Philosophen fragen, ob die Philosophie*, eher als das Christentum, irgendein Recht dazu verleiht, die friedlichen Einwohner dieser entfernten Gegenden *auf eine kleine Zahl zusammenzuschmelzen und zum Verschwinden zu bringen?*« (737).
Zwar unterschlägt de Bonald, daß Condorcet ausdrücklich von kriegerischen Stämmen (hordes conquérantes) spricht, die es zu befrieden gelte, um den Gang des Fortschritts notfalls gegen sie durchzusetzen, zwar äußert er sich

* De Bonald spricht von »philosophe« und »philosophie«. Damit ist aber nicht schlechthin von *der* Philosophie und *dem* Philosophen die Rede, sondern von den Aufklärern, den Enzyklopädisten, und ihrer Philosophie. (vgl. SCHABERT 1969: 16; WHITE 1970).

an anderen Stellen weniger freundlich gegenüber den »paisibles habitants de ces terres éloignées«* – dennoch macht seine Kritik deutlich, daß Prinzipien der biologischen und ethnologischen Anthropologie nicht übereinstimmen müssen und daß – wie bei Condorcet – der Fortschrittlichkeit in der einen durchaus ein subtiler Ethnozentrismus und Eurozentrismus in der anderen entsprechen kann. Bis heute zeigt sich diese Verbindung als wirksam, und erst jetzt entwickelt sich eine systematische, Alternativen bietende Kritik der eurozentrischen Zivilisationstheorien (RIBEIRO 1968). Die Frage, ob die ethnologische Anthropologie der Aufklärung entstamme oder ein Kind des Imperialismus sei, erscheint in dieser Entgegensetzung falsch gestellt, wenn sich zeigt, daß die Aufklärung selbst imperialistische Tendenzen propagiert hat.

Kants pragmatische Anthropologie

Kants (1724–1804) Anthropologie ist nicht nur ein Paradigma der bürgerlichen Wissenschaft vom Menschen am Beginn ihrer Epoche, in der Antizipation moderner Fragestellungen (JARVIE 1964: XX) liefert sie auch Material zu einer ideologiekritischen Betrachtung der Disziplin: Welchen Fortschritt hat sie gemacht? Welche Rückschritte sind erkennbar? Welche Errungenschaften der »bürgerlichen« Anthropologie wären zu bewahren, welche erst einmal wiederherzustellen?

In der »Vorrede« zur ersten Auflage der »Kritik der reinen Vernunft« nennt Kant sein Zeitalter »das eigentliche Zeitalter der *Kritik*, der sich alles unterwerfen muß«. »Unverstellte Achtung« will diese Epoche nur demjenigen entgegenbringen, was die »freie und öffentliche Prüfung« der Vernunft hat aushalten können (KANT 1781; in WEISCHEDEL 1968, III: 13). Dieser emphatische Begriff der Vernunft macht auch das Wesen einer »Philosophie nach dem Weltbegriffe (in sensu cosmico)« aus: man kann sie »*eine Wissenschaft von der*

* »Als das zivilisierte Europa unter Bevölkerungsdruck litt, hat die Natur ihm in Amerika neue Länder gezeigt, die es zu kultivieren und Völker, die es vielleicht zu strafen (punir) galt«. Théorie du pouvoir (DE BONALD 1859 I: 242).

höchsten Maxime des Gebrauchs unserer Vernunft nennen ... Das Feld der Philosophie in dieser weltbürgerlichen Bedeutung läßt sich auf folgende Fragen bringen: 1) Was kann ich wissen? – 2) Was soll ich tun? 3) Was darf ich hoffen? 4) Was ist der Mensch? Die erste Frage beantwortet die *Metaphysik*, die zweite die *Moral*, die dritte die *Religion*, und die vierte die *Anthropologie*. Im Grunde könnte man aber alles dieses zur Anthropologie rechnen, weil sich die drei ersten Fragen auf die letzte beziehen« (KANT 1800; in: WEISCHEDEL 1968, V: 447/448). Anthropologie gewinnt hier den Charakter einer »Fundamentalwissenschaft« (HINSKE 1966: 427) der bürgerlichen Epoche, die sich selbst wiederum als das Zeitalter der »Kritik« versteht (vgl. GOLDMANN 1945).

Kants eigentliche »Anthropologie«, eine von ihm selbst edierte Vorlesung, ist »in pragmatischer Hinsicht abgefaßt«. »Anthropologie« heißt eine systematische Wissenschaft vom Menschen; der Begriff »pragmatisch« verweist darauf, daß sie einen Teil der »Weltkenntnis« darstellt: »Alle Fortschritte in der Kultur, wodurch der Mensch seine Schule macht, haben das Ziel, diese erworbenen Kenntnisse und Geschicklichkeiten zum Gebrauch für die Welt anzuwenden; aber der wichtigste Gegenstand in derselben, auf den er jene verwenden kann, ist der *Mensch*: weil er sein eigener letzter Zweck ist. – Ihn also, seiner Spezies nach, als mit Vernunft begabtes Erdwesen zu erkennen, verdient besonders, *Weltkenntnis* genannt zu werden; ob er gleich nur einen Teil der Erdgeschöpfe ausmacht« (KANT 1798; in: WEISCHEDEL 1968, X: 399).

In Kants »Ankündigung der Vorlesungen der physischen Geographie im Sommerhalbenjahre 1775«, mit dem Titel »Von den verschiedenen Rassen der Menschen« heißt es: »Diese Weltkenntnis ist es, welche dazu dient, allen sonst erworbenen Wissenschaften und Geschicklichkeiten das *Pragmatische* zu verschaffen, dadurch sie nicht bloß vor (für) die *Schule*, sondern vor (für) das *Leben* brauchbar werden, und wodurch der fertig gewordene Lehrling auf den Schauplatz seiner Bestimmung nämlich in die *Welt* eingeführet wird. Hier liegt ein zwiefaches Feld vor ihm, wovon er einen vorläufigen Abriß nötig hat, um alle künftige Erfahrungen darin nach Regeln ordnen zu können: nämlich die *Natur* und der

Mensch ... Die erstere Unterweisung nenne ich *physische Geographie*, ... die zweite, *Anthropologie* ...« (KANT 1775; in: WEISCHEDEL 1968, IX: 26).

Diese Anthropologie in pragmatischer Hinsicht wird nicht nur als ein Teil der Weltkenntnis von der physischen Geographie getrennt, sondern auch von der physiologischen Anthropologie: »Eine Lehre von der Kenntnis des Menschen, systematisch abgefaßt (Anthropologie), kann es entweder in *physiologischer* oder in *pragmatischer* Hinsicht sein. – Die physiologische Menschenkenntnis geht auf die Erforschung dessen, was die *Natur* aus dem Menschen macht, die pragmatische auf das, was *er*, als freihandelndes Wesen, aus sich selber macht, oder machen kann und soll« (KANT 1798; in: WEISCHEDEL 1968, X: 399).

Kant entwirft seine Anthropologie als pragmatische im beschriebenen Sinne nicht, weil Anthropologie keine Naturwissenschaft (physiologische Anthropologie) sein *soll*, sondern noch nicht sein *kann*. »Wer den Naturursachen nachgrübelt, worauf z. B. das Erinnerungsvermögen beruhen möge, kann über die im Gehirn zurückbleibenden Spuren von Eindrücken, welche die erlittenen Empfindungen hinterlassen, hin und her (nach dem Cartesius) vernünfteln; muß aber dabei gestehen: daß er in diesem Spiel seiner Vorstellungen bloßer Zuschauer sei, und die Natur machen lassen muß, indem er die Gehirnnerven und Fasern nicht kennt, noch sich auf die Handhabung derselben zu seiner Absicht versteht: mithin alles theoretische Vernünfteln hierüber reiner Verlust ist« (KANT 1798; in: WEISCHEDEL 1968, X: 399).

Heute, da man in der Erforschung der neuronalen Grundlage des Gedächtnisses fortgeschritten ist, ließe eine solche Bemerkung sich nicht mehr machen. Kants Votum gegen eine physiologische Anthropologie, die in seiner pragmatischen Anthropologie im übrigen nicht völlig ausgespart ist, muß auf dem Hintergrund einer Physiologie-Auffassung gesehen werden, die diese in den Rahmen einer Naturphilosophie stellte. Kants Votum gegen eine naturwissenschaftliche Anthropologie wird den sachlichen Möglichkeiten seiner Epoche gerechter als das romantische Überspielen der *Naturwissenschaft* durch Rekurs auf *Naturphilosophie* (LEIBBRAND 1956).

Das Hauptproblem der Anthropologie hat Kant scharfsinnig

beschrieben, es lautet, wollte man es mit Begriffen Gehlens ausdrücken: Wie kann in der Reflexion eine Wissenschaft vom Handeln entwickelt werden? Anthropologie ist nämlich zunächst *Handlungswissenschaft:* »Da er (der Rezensent, also Kant; W. L.) aber die Materialien zu einer Anthropologie ziemlich zu kennen glaubt, im gleichen auch etwas von der Methode ihres Gebrauchs, um eine Geschichte der Menschheit im Ganzen ihrer Bestimmung zu versuchen: so ist er überzeugt, daß sie weder in der Metaphysik noch im Naturalienkabinett durch Vergleichung des Skeletts des Menschen mit dem von anderen Tiergattungen aufgesucht werden müssen; am wenigsten aber die letztere gar auf seine Bestimmung für eine andere Welt führe; sondern daß sie allein in seinen *Handlungen* gefunden werden können, dadurch er seinen Charakter offenbart ...« (KANT 1785; in: Schriften 1964: 36).

Eine solche Handlungswissenschaft aber, die weder »am physiologischen Leitfaden tappen« noch »am metaphysischen fliegen« soll, (KANT 1785; in: Schriften 1964: 34) durch Reflexion zu begründen, stößt auf Schwierigkeiten. Will nämlich der Mensch »sich selbst erforschen, so kommt er, vornehmlich was seinen Zustand im Affekt betrifft, der alsdann gewöhnlich keine *Verstellung* zuläßt, in eine kritische Lage: nämlich daß, wenn die Triebfedern in Aktion sind, er sich nicht beobachtet; *und wenn* er sich beobachtet, die Triebfedern ruhn« (KANT 1798; in WEISCHEDEL 1968, X: 401).

Ziel dieser Anthropologie, die sich zwar von der Metaphysik lossagt, Geschichtsphilosophie aber vom Menschen her eigentlich neu begründen will, ist der Konstruktionsversuch einer planmäßigen Geschichte des Menschengeschlechtes – ein Vorhaben also, das Jürgen Habermas wiederaufgenommen hat. Dieser Versuch endet in skeptischer Hoffnung und beginnt scheinbar fatalistisch: »Da die Menschen in ihren Bestrebungen nicht bloß instinktmäßig, wie Tiere, und doch auch nicht, wie vernünftige Weltbürger, nach einem verabredeten Plane, im ganzen verfahren: so scheint auch keine planmäßige Geschichte (wie etwa von den Bienen oder den Bibern) von ihnen möglich zu sein« (KANT 1784; in: WEISCHEDEL 1968, IX: 34).

»Durchlaufende Kategorien« (GEHLEN) einer solchen Anthropologie, deren Ziel darin besteht, eine vernünftige Geschichte der Gattung zu entwerfen, sind u. a.:

Sozialität, denn die Naturanlagen des Menschen, »die auf den Gebrauch seiner Vernunft abgezielt sind«, ihn also gegenüber den instinktgesteuerten Tieren erst zum Menschen machen, sollten sich »nur in der Gattung, nicht aber im Individuum vollständig entwickeln« (KANT 1784: 35).*

Instinktentbindung, weil die Natur gewollt hat, »daß der Mensch alles, was über die mechanische Anordnung seines tierischen Daseins geht, gänzlich aus sich selbst herausbringe, und keiner anderen Glückseligkeit, oder Vollkommenheit, teilhaftig werde, als die er sich selbst, frei von Instinkt, durch eigene Vernunft, verschafft hat ...«. Der Mensch sollte nämlich »nicht durch Instinkt geleitet, oder durch anerschaffene Kenntnis versorgt und unterrichtet sein; er sollte vielmehr alles aus sich selbst herausbringen« (KANT 1784: 36).

Mängelhaftigkeit: »aus so krummem Holze, als woraus der Mensch gemacht ist, kann nichts ganz Gerades gezimmert werden. Nur die Annäherung zu dieser Idee (einer allgemein das Recht verwaltenden bürgerlichen Gesellschaft; W. L.) ist uns von der Natur auferlegt« (KANT 1784: 41).

Ungesellige Geselligkeit, d. h. einen Hang des Menschen, »in Gesellschaft zu treten, der doch mit einem durchgängigen Widerstande, welcher diese Gesellschaft beständig zu trennen droht, verbunden ist. Hiezu liegt die Anlage offenbar in der menschlichen Natur« (KANT 1784: 37). Der Fortschritt der Gattung geschieht, dies wird anthropologisch begründet, durch Antagonismen hindurch – eine Vorstellung, die von Marx bis Dahrendorf (DAHRENDORF 1963: 128) weiterentwickelt werden wird.

Ziel der Gattungsgeschichte – nur ein Postulat, nur als allmähliche Annäherung an eine Utopie erreichbar – ist die »Errichtung einer allgemein das Recht verwaltenden bürgerlichen Gesellschaft« (KANT 1784: 39) im Zustand des »Ewigen Friedens« (KANT 1795). Ideologisch ist die Kantische Anthropologie insofern, als sie Geschichtsphilosophie auch anthropologisch begründet, in der Realgeschichte aber den Begriff des »Menschen« von dem des »Bürgers« trennt und diesem politisch zugesteht, was sie jenem, ist er nicht Citoyen, vor-

* In diesem und den folgenden drei Absätzen sind Hervorhebungen des Kantschen Textes weggelassen.

enthält. In Anlehnung an die nur scheinbar egalitäre Verfassung, die sich die französische Bourgeoisie in ihrer Revolution geschaffen hatte – in der die Frauen und die Dienstboten, die im »état de la domesticité« Befindlichen, vom sogenannten »allgemeinen« Wahlrecht ausgeschlossen wurden – trennt Kant in der Rechtslehre der »Metaphysik der Sitten« (§ 46) den aktiven vom passiven Staatsbürger. Die »bürgerliche Persönlichkeit« – ein politischer Begriff – zeichnet sich dadurch aus, daß sie von keinem fremden Willen in ihrer ökonomischen Existenz abhängig ist. »Der Geselle bei einem Kaufmann, oder bei einem Handwerker; der Dienstbote ... der Unmündige ... alles Frauenzimmer, und überhaupt jedermann, der nicht nach eigenem Betrieb, sondern nach der Verfügung anderer (außer der des Staats) genötigt ist, seine Existenz ... zu erhalten, entbehrt der bürgerlichen Persönlichkeit, und seine Existenz ist gleichsam nur Inhärenz« (KANT 1797; in: WEISCHEDEL 1968, VII: 433).
Am anthropologisch begründeten Begriff von Egalität hält Kant freilich fest: »Diese Abhängigkeit von dem Willen anderer, und Ungleichheit, ist gleichwohl keineswegs der Freiheit und Gleichheit derselben *als Menschen*, die zusammen ein Volk ausmachen, entgegen ...« (KANT 1797: 433). Politische Ungleichheit soll mit anthropologisch begründeter Gleichheit sich vereinbaren lassen, der Mensch nicht auf den Bürger neidisch sein. Die bürgerliche Ideologie hat diese Diskrepanz nicht lange durchgehalten*.

Diderot. Ethnographie und Gesellschaftskritik oder: Die Wilden innerhalb und außerhalb der bürgerlichen Gesellschaft.

Wenn nach der Darstellung der Kantischen pragmatischen Anthropologie nunmehr Diderot zitiert wird, ein »Entdek-

* Freilich läßt die Vorstellung, daß »citoyen« und »propriété« zusammengehören, die Gleichheitsidee nicht immer unangetastet. Wenn d'Holbach in seiner »Ethocratie« allein den Eigentümer als den wahren citoyen bezeichnet, und es im Artikel »Représentants« der Encyclopédie heißt: »C'est la propriété qui fait le citoyen« ist ein Ausspruch wie der von Barruel-Beauvert nur allzu konsequent: »Eigentümer, wer auch immer Ihr seid, hütet Euch davor, einer falschen Doktrin anzuhängen; die Menschen, die *nichts* besitzen, sind nicht Euresgleichen. Seit wann betrachtet man die Hornissen als Brüder der Bienen?« (ROUX 1951: 260).

ker des Ich« (Friedenthal 1969), aber ein ebenso scharfer Kritiker der Gesellschaft durch Kulturenvergleich (Benot 1970), so stehen beide Formen anthropologischer Erfahrung relativ unvermittelt nebeneinander. Zur gleichen Zeit lebend – Diderot lebt von 1713 bis 1784, Kant wird 1724 geboren und stirbt 1804 – bietet ein Vergleich beider »Anthropologien« sich freilich an. Sollte er konsequent durchgeführt werden, so kann das in diesem Rahmen freilich nicht geschehen. Bei eingehender Betrachtung erweisen sich Ähnlichkeiten als Unterschiede, Differenzen als Verschiebungen einer gleichen Intention. So würde es naheliegen, die Diderot'sche und Kantische Erfahrung, was ihren gleichsam »mondänen« Aspekt angeht, nach dem Muster jenes Vergleichs zu betrachten, der die deutschen Zustände hinter den französischen herhinkend sieht, wobei Veränderungen in Deutschland durch revolutionäre Theorien, nicht durch Revolutionen auf der Erde hervorgerufen werden.

Gemeinsam demonstrieren aber Kant und Diderot, den Neigungen und Möglichkeiten der Zeit entsprechend, wie weit diese sich vom ethnographischen Weltbild des Mittelalters entfernt hat, in dem Ethnozentrismus und Geozentrismus noch untrennbar miteinander verbunden waren (Mühlmann 1968: 14), deutlich sichtbar in der Vorstellung von den »Monstren« (monstra), die sich an den Rändern der Oikumene aufhalten. Im Zeitalter der Entdeckungen wird diese Vorstellung immer mehr obsolet. Dabei stützt die aufklärerische Intention, die sich in den Reiseberichten der Zeit ausdrückt – »Passagier und Weltbürger« lautet eine Formel Lichtenbergs, mit der er sich selbst charakterisiert hat (Mautner 1968: 130) – meist weniger auf empirisch zutreffende Beschreibungen als auf Idealisierungen, die von der Kritik gespeist werden, welche man der heimatlichen Gesellschaft entgegenbringt.

»Ethnologische« und »biologische« Anthropologie verbinden sich in dieser, wenn auch oft nur indirekt formulierten, kritischen Intention. Daß die Reisenden in den Wilden überhaupt Menschen erkannten, kann kaum getrennt werden von der sich ausbreitenden Überzeugung – deutlich ist sie in der Encyclopédie wirksam (Hubert 1923: 168) –, daß der Mensch, wenn auch an dessen Spitze, so doch in das Tierreich gehöre. So formuliert es, wie lange vorher schon Aristoteles,

Linné; von der 12. Auflage (1766) des »Systems der Natur« ab erscheint in der Ordnung der Primaten der »homo sapiens« an der Spitze (vgl. S. 74); Lamarck spricht in seiner »Philosophie zoologique« von 1809 von der phylogenetischen Verwandtschaft des Menschen mit den anthropoiden Affen (Mühlmann 1968: 47, 77), Lichtenberg vom »Vetter Affe(n)« (Mautner 1968: 99).
Anthropologischen Erfahrungen auf die Erweiterung des eigenen Horizontes zu stützen, Menschenkunde ohne ethnozentrische Voreingenommenheit zu betreiben, hat auch Kant für nötig gehalten: »Zu den Mitteln der Erweiterung der Anthropologie im Umfange gehört das *Reisen*; sei es auch nur das Lesen der Reisebeschreibungen«. (Kant 1798: 400); in der Schrift »Über das Mißlingen aller philosophischen Versuche in der Theodizee« spricht er von der »zum Teil anthropologischen Reise« des Schweizers Jean André de Luc (Kant, in: Weischedel 1968, IX: 123). Zu Reisen freilich, ohne bereits eine theoretische Vorkenntnis vom Menschen zu besitzen, erscheint Kant unergiebig: »Man muß aber doch vorher zu Hause, durch Umgang mit seinen Stadt- oder Landesgenossen, sich Menschenkenntnis erworben haben, wenn man wissen will, wornach man auswärts suchen solle, um sie im größeren Umfange zu erweitern. Ohne einen solchen Plan (der schon Menschenkenntnis voraussetzt) bleibt der Weltbürger in Ansehung seiner Anthropologie immer sehr eingeschränkt. Die *Generalkenntnis* geht hierin immer vor der *Lokalkenntnis* voraus, wenn jene durch Philosophie geordnet und geleitet werden soll: ohne welche alles erworbene Erkenntnis nichts als fragmentarisches Herumtappen und keine Wissenschaft abgeben kann«. (Kant 1798: 400). Die ethnologische Anthropologie erweist sich in diesem Sinne als eine *mondäne* Disziplin, Menschenkenntnis und Weltkenntnis gehören zusammen.
Während aber Kant seine Skepsis, die er einer theoretisch nicht angeleiteten Erfahrung entgegenbringt, auch auf einen Begriff von Natur bezieht, der mit der Menschengeschichte nur schwer zu vereinbaren scheint – ihm erscheint es dann sinnlos, »die Herrlichkeit und Weisheit der Schöpfung im vernunftlosen Naturreiche zu preisen und der Betrachtung zu empfehlen« (Kant 1784: 49) – erweist sich anders gerade der emphatische Rückgriff auf die Natur als politisch be-

sonders wirkungsvoll. Die Entwicklung, die zur französischen Revolution führt, ist eine Revolution im Namen der Natur (SCHABERT 1969: 13 ff.), und der Gegenrevolutionär de Bonald glaubt, das, was er die Irrtümer und Zweideutigkeiten der revolutionären Theorie nennt, auf die Äquivokationen der Begriffe »Natur« und »natürlich« zurückführen zu können (SPAEMANN 1967: 60). Von der Schrift »Spectacle de la Nature« des Abbé Pluche aus den Jahren 1732 bis 1750 erscheinen bis zu Bernardin de St. Pierres »Etudes de la Nature« von 1784 innerhalb von dreißig Jahren dreizehn wichtige Studien über die Natur. Später wird man in der Sozietät des Ancien Régime eine Gesellschaft anklagen, die widernatürlich war, weil sie den »intentions de la nature« nicht gefolgt ist (SCHABERT 1969: 19).

Dieses Vertrauen in die Natur, ein Begriff, der, anders als in beinahe gleichzeitigen deutschen Publikationen sich nicht durch Konnotationen wie Idylle und Gesellschaftsflucht ausweist (LEPENIES 1969: 79 ff.), sondern einen *gesellschaftskritischen* Begriff bezeichnet, führt zu jener Schätzung der Wilden, die in die »légende du bon sauvage« (GONNARD 1946) ausartet. Obwohl es sich um eine alte Vorstellung handelt, die sich bereits für die postsokratische Epoche belegen läßt (GONNARD 1946: 15)*, floriert sie im achtzehnten Jahrhundert. Darauf hinzuweisen erscheint notwendig, weil bei allem berechtigten Ideologieverdacht, den man einer ethnologischen Anthropologie entgegenbringen muß, die sich bis heute mit imperialistischen Intentionen** vereinbaren läßt, nicht vergessen werden darf, daß die Ethnologie antiethnozentristisch und aufklärerisch begann. Sehr plastisch drückt ein Aphorismus Lichtenbergs dies aus: »Der Amerikaner, der den Columbus zuerst entdeckte, machte eine böse Entdekkung« (MAUTNER 1968: 19).

* Freilich beinhaltete der Begriff des »Primitiven« in der frühesten Reiseliteratur eine *pejorative* Tendenz (HODGEN 1964:354 ff.).

** Nicht nur in Portugal stieg die »Lust nach Entdeckungen« mit der Rückkehr eines jeden Schiffes, das irgendeine Frucht von seinen Reisen heimbrachte; (HISTOIRE 1747: 17). Die gleiche Quelle gibt über *eine* Rolle der Kirche bei den Entdeckungen mit wünschenswerter Klarheit Auskunft: »Die Instruktionen des Admirals lauteten, mit der Verkündigung des Evangeliums zu beginnen und, für den Fall, daß es Herzen gäbe, die nur schwerlich bereit waren, es sich anzuhören, diese mit den Waffen dazu zu zwingen« (153/154). Vgl. dazu das auf S. 32 zur virtuellen Katholizität als Bedingung des Menschseins Gesagte.

Weder kann ich hier eine Geschichte der Reisebeschreibungen liefern, noch in Ausführlichkeit die wissenschaftstheoretischen Implikationen einer Anthropologie beschreiben, die die Erweiterung ihrer *Erfahrung* als Bedingung einer möglichen Anthropologie überhaupt ansah. Wurde Gesellschaftskritik zuerst durch Reisen in andere Länder, durch Kontakte mit fremden Völkern befördert, so war, zumindest vor der französischen Revolution, Kritik an der eigenen Gesellschaft nur durch die positive Schilderung fremder Sitten und Gebräuche möglich. Montesquieus »Lettres persanes« (1721) sind dafür ein Beispiel, zeigen freilich auch, daß über der Fiktion endlich ihr realer Anlaß verkannt werden konnte: ihren buchhändlerischen Erfolg verdankten die »Lettres persanes« weniger der darin verborgenen Zeit- und Gesellschaftskritik als dem exotischen Rahmen, in dem diese präsentiert wurde.

Die Wilden werden geschätzt, weil ihr Leben die Folie zur Kritik unserer eigenen Gesellschaft liefert. Die Idee der Egalität und die des Glücks – eine anthropologische und eine ethische Aussage – werden miteinander verbunden, glücklich sind die Wilden, weil sie »nach den Gesetzen des Instinktes« leben (GONNARD 1946: 74). Der Instinktbegriff nun taucht in diesem Zusammenhang nicht zufällig auf, er verweist vielmehr zunächst auf einen charakteristischen Zusammenhang von ethnologischer und biologischer Anthropologie, weiter auf die Aufweichung eines ursprünglich gesellschaftskritischen Ansatzes. Noch einmal müssen wir Auffassungen Kants mit dieser Entwicklung in Zusammenhang bringen.

Fontenelle (1657–1757) hat Instinkt und Vernunft miteinander vereinbaren wollen, sie stellen für ihn weniger einen Gegensatz als eine Ergänzung dar: »Man versteht unter dem Ausdruck Instinkt etwas, was zu unserer Vernunft hinzukommt und von vorteilhafter Wirkung auf die Bewahrung meines Daseins ist; etwas, was ich tue, ohne zu wissen warum, und das trotzdem sehr nützlich für mich ist; und darin liegt das Wunderbare des Instinktes ...« (HAZARD 1939: 454). Rousseaus (1712–1778) Bemerkung vom »göttlichen Instinkt« nahm der Schweizer Beatus von Muralt in seiner zwischen 1698 und 1700 geschriebenen »Lettre sur les voyages« vorweg: Es gibt »nur ein einziges Mittel, in der Ordnung zu verbleiben: das ist, dem Instinkt zu folgen, der in uns ist, dem göttlichen Instinkt, der vielleicht das einzige ist, was uns von dem ursprünglichen Zustand des Menschen verbleibt, und der uns belassen worden ist, um uns dahin zurückzuführen. Alle Lebewesen, die wir kennen, haben ihren Instinkt, der sie nicht täuscht. Sollte der Mensch, der von allen diesen Geschöpfen das hervorragendste ist, nicht den seinen haben, der an seinem ganzen Wesen teil hat und der ebenso zuverlässig wie umfassend ist? Er hat ihn ohne Zweifel, und dieser Instinkt ist die Stimme des Gewissens, durch die Gott sich uns zu erkennen gibt und zu uns spricht ...« (HAZARD 1939: 455).

Auf den ersten Blick kann es so scheinen, als ob Kant eine ähnliche Auffassung verträte. Auch er spricht in seiner Schrift »Mutmaßlicher Anfang der Menschengeschichte« (KANT 1786; in: WEISCHEDEL 1968, IX: 87) vom Instinkt als der »Stimme Gottes«, der alle Tiere gehorchen und die ursprünglich auch den Menschen, »den Neuling«, wie Kant sich ausdrückt, leitete. Im Gegensatz zu Fontenelle oder Muralt stellt sich für Kant das Verhältnis von *Vernunft* und *Instinkt* aber anders dar. Der Instinkt nämlich ist mit Vernunft konfliktlos nicht vereinbar. Die Vernunft kann »Begierden mit Beihülfe der Einbildungskraft, nicht allein *ohne* einen darauf gerichteten Naturtrieb, sondern sogar *wider* denselben, erkünsteln« (KANT 1786: 88). Und dieser Versuch, »sich über die Schranken, worin alle Tiere gehalten werden« zu erheben, wird für die Entwicklung des Menschen entscheidend. Im Bewußtsein, Vernunft gegen Instinkt ausspielen zu können, in der Lage zu sein, »mit der Stimme der Natur zu schikanieren«, gingen dem Menschen die Augen auf. »Und aus diesem einmal gekosteten Stande der Freiheit war es ihm gleichwohl jetzt unmöglich in den der Dienstbarkeit (unter der Herrschaft des Instinkts) wieder zurück zu kehren« (KANT 1786: 89).

Die Entwicklung der menschlichen Gattung ist daher der Übergang von »dem Gängelwagen des Instinkts zur Leitung der Vernunft, mit einem Worte: aus der Vormundschaft der Natur in den Stand der Freiheit« (KANT 1786: 92). Von dieser Konstruktion einer »biologischen« Anthropologie bleibt die »ethnologische« Anthropologie nicht unberührt. Denn wenn Kant auch das Reisen, hier als eine Metapher für die Erweiterung der Humanerfahrung zu verstehen, als eine

Voraussetzung der »ethnologischen Erfahrung« akzeptiert, so verfällt er nicht in den Fehler, Exotisches als Verweis auf den Naturzustand zu akzeptieren, in den natürlichen Paradiesen der Gegenwart (Tahiti) das verlorene Paradies der Menschheit zu erblicken. Der Widerstreit von Instinkt und Vernunft hat vielmehr eine antagonistische Gesellschaftsauffassung zur Folge. Nicht nur bleibt dem Menschen die Rückkehr zum Goldenen Zeitalter des Instinkts versperrt, es würde auch seiner eigentlichen Bestimmung widersprechen: »Ohne jene, an sich zwar eben nicht liebenswürdige, Eigenschaften der Ungeselligkeit, woraus der Widerstand entspringt, den jeder bei seinen selbstsüchtigen Anmaßungen notwendig antreffen muß, würden in einem arkadischen Schäferleben, bei vollkommener Eintracht, Genügsamkeit und Wechselliebe, alle Talente auf ewig in ihren Keimen verborgen bleiben: die Menschen, gutartig wie die Schafe die sie weiden, würden ihrem Dasein kaum einen größeren Wert verschaffen, als dieses ihr Hausvieh hat; sie würden das Leere der Schöpfung in Ansehung ihres Zwecks, als vernünftige Natur, nicht ausfüllen ... Der Mensch will Eintracht; aber die Natur weiß besser, was für seine Gattung gut ist: sie will Zwietracht ...« (Kant 1784: 38/39).
Schätzung des Instinkts und Natursehnsucht gehören in dieser Epoche zusammen, die Vorstellungen vom Glück entsprechen der Determination des Menschen durch eine weise und vernünftige Natur. Kants Begriff der Vernunft dagegen ist mit dem des Instinkts inkompatibel; seine Anthropologie, die pragmatisch sein will, entspricht einer auf die Idee des notwendigen Dissens aufgebauten Gesellschaftstheorie; in der Ironisierung der Robinsonaden erinnert der Rousseau-Verehrer Kant an den Rousseau-Kritiker Voltaire (1694–1778), der jenem, als er den zweiten Discours »Über den Ursprung und die Grundlagen der Ungleichheit unter den Menschen« (1754) gelesen hatte, in einem sarkastischen Brief vom 30. August 1755 schrieb, dies sei ein »Buch gegen das Menschengeschlecht« und nun bekomme man Lust, auf allen Vieren zu gehen.
Selbstkritik und vorsichtige Distanzierung lassen sich freilich auch innerhalb der »ethnologischen Anthropologie« feststellen. Diderots »Nachtrag zu ›Bougainvilles Reise‹« liefert dafür das Beispiel. Zwar geht es Diderot auch darum,

den Widerspruch zwischen Religion und Natur, also letztlich zwischen Norm und Natur, anzuprangern und die Erzeugung jener »überflüssigen Bedürfnisse« (DIDEROT 1965: 19) zu beklagen, die das Unglück der Menschen ausmachen – all dies aber geschieht ohne jenen verklärenden Zug, der die »Reiseliteratur«, aus der die »ethnologische Anthropologie« der Zeit vorwiegend besteht, sonst auszeichnet.

Louis Antoine Bougainville, Mathematiker und Offizier, hatte 1766–69 die erste französische Weltumseglung durchgeführt. Diderot besprach in Grimms »Correspondance Littéraire« Bougainvilles Buch »Voyage autour du monde«. Aus einer Umarbeitung dieses Beitrages entstand der hier zitierte »Nachtrag«, der 1796 posthum zum ersten Male veröffentlicht wurde: »In seinem Artikel handelt Diderot kurz von Bougainville sowie von der Bedeutung seiner Expedition und knüpft an verschiedenen Stellen längere Betrachtungen über Sitten und Gebräuche der Wilden und Insulaner an. Er preist das Leben im Naturzustande, die Freiheit der Liebesbeziehungen, die von moralischen Vorurteilen nicht belastet sind, und tadelt scharf die Übergriffe der Europäer, ihre Kolonialpolitik und den verderblichen Einfluß, den die Paarung von Morallehre und tatsächlicher Verderbtheit auf die Eingeborenen ausübt«. (DIECKMANN 1965: 76/77).

Diderots fiktiver Nachtrag benutzt aber Bougainvilles Reisebericht »weder als Vorlage zum Entwurf eines Bildes des ursprünglichen, wahren Naturzustandes oder eines idealen Naturzustandes .. . , noch ist (seine) . . . Kritik an heimischen oder europäischen Gebräuchen einseitig. Es ist nicht der Reisebericht Bougainvilles selbst und seine unmittelbare Anwendbarkeit, die Diderots suchenden, forschenden Geist fesseln, sondern es sind die Fragen, die durch Bougainvilles Schilderungen aufgeworfen werden. Ebensowenig werden die Vorliebe für das Fremde und der naive Glaube des Reisenden bespöttelt« (75).

Es ist nicht leicht, zu entscheiden, ob Diderot – im Gegensatz zu Rousseau – einen vorgeblich natürlichen Menschen idealisiert hat (POUILLON 1970/71: 1198). Diderot und Rousseau stimmen auf alle Fälle darin überein, daß Gleichheit für sie mit Stagnation, Fortschritt mit Ungleichheit verbunden ist. Ansonsten sind die anthropologischen Anschauungen Diderots formelhaft nur schwer zusammenzufassen. Das hängt

u. a. mit der Form der Publikationen zusammen, in denen Diderot sich zu diesem Themenkomplex geäußert hat, wie z. B. der »Histoire des deux Indes« des Abbé Raynal, zu deren dritter Auflage von 1780/81 – die erste war 1772 erschienen – Diderot erhebliche Zusätze beigesteuert hat (BENOT 1970). Wie für verschiedene andere Autoren war auch für Diderot die »Histoire« des Abbé ein Mittel, um sich deutlicher politisch artikulieren zu können, als es d'Holbach etwa im »Système de la Nature« oder Rousseau im »Contrat Social« möglich gewesen war (BENOT 1970: 258). Auch aus den Zusätzen wird deutlich, daß Diderots Stellungnahme zum Verhältnis von état sauvage und état policé so eindeutig nicht zu fixieren ist (144 f.).

Am Beispiel Kants sollte in diesem Zusammenhang gezeigt werden, daß eine Beziehung zwischen »biologischer« und »ethnologischer« Anthropologie besteht derart, daß die Veränderung der einen die andere nicht unverändert läßt. Kants Polemik gegen die Suche nach einem idealisierten Naturzustand ist untrennbar verknüpft mit seiner Auffassung von der Differenz zwischen Instinkt und Vernunft sowie der Überzeugung, die Geschichte des Menschengeschlechts sei dadurch ausgezeichnet, daß Vernunft gelernt habe, sich gegen den Instinkt durchzusetzen. Bei Diderot nun, der durchaus nicht der Naivität jener Reisenden verfällt, die das Fremde exotisch verklären um das Heimische unkritisch zu verdammen, erfährt der Instinktbegriff die Ausweitung zu einem polemischen Terminus. Während Kant Anthropologie als eine Wissenschaft vom Handeln und die Vernunftbestimmung des Menschen zusammendenkt, ist für Diderot der Denkende vom Handelnden zu trennen. In polemischer, wenn man sich seiner eigenen Existenz erinnert beinahe sogar in selbstzerstörerischer Absicht, formuliert er: »Das heißt, daß nichts mehr gegen die Natur ist als das gewohnheitsmäßige Nachdenken oder der Zustand des Gelehrten. Der Mensch ist zum Handeln geboren ... Der Mensch der Natur ist dazu geschaffen, wenig zu denken und viel zu handeln; der Mann der Wissenschaft dagegen denkt viel und regt sich wenig« (DIDEROT 1967, I: 611).

Das Plädoyer für ein »natürliches« Verhalten, d. h. ein solches, das eher instinktiv und gewohnheitsmäßig abläuft als durch Reflexion bestimmt wird, gehört zu den durchlaufenden Themen der Anthropologie. Bis hin zu Arnold Gehlen, der das erwähnte Diderot-Wort als eines seiner Lieblingszitate betrachtet, finden sich in jeder Anthropologie, die als Wissenschaft vom Handeln verstanden werden will, Polemik gegen die Reflexion und Sehnsucht nach dem Instinkt miteinander verbunden.

Orientiert sich die »ethnologische« Anthropologie des beginnenden bürgerlichen Zeitalters an den »Wilden« *außerhalb* der eigenen Gesellschaft – freilich nicht, ohne damit die »biologische« Anthropologie zu beeinflussen, so sieht die letztere ihr Anschauungsmaterial auch in den »Wilden« verkörpert, die sich *innerhalb* der Gesellschaft finden.

Dabei handelt es sich vor allem um die sogenannten Wolfs- oder wilden Kinder (enfants sauvages). Ihre Faszination auf Öffentlichkeit und Wissenschaft ist groß; sie hat eine lange Tradition seit dem Erscheinen des hessischen Wolfskindes im Jahre 1344, das Camerarius 1602 zum ersten Male beschrieben hat und wozu Rousseau (1754) wie Linné (1758) sich geäußert haben und reicht bis zu den Berichten über das Affenkind aus Teheran, das im Jahre 1961 auftauchte und zu Yves Cheneau aus Saint-Brévin, über den 1963 die französische Presseagentur AFP berichtete (Malson 1964: 72 ff.). Um die Konsequenzen, die die bürgerliche »Anthropologie« aus dem Auftauchen dieser Wilden innerhalb der eigenen Gesellschaft zieht, zu demonstrieren, beschränke ich mich auf die kurze Darstellung eines Falles – des Victor de l'Aveyron –, über den der wissenschaftlich und zeitgeschichtlich zweifellos interessanteste Bericht vorliegt; adäquat in François Truffauts Film »L'enfant sauvage« dargestellt.

Im Jahre 1800 wurde von Jägern im französischen Departement Aveyron ein etwa elf Jahre altes Kind gefunden. Zottelig und narbenbedeckt bewegte es sich vorwärts wie ein Tier, die Hände voller krallenartiger Nägel, grunzende Laute ausstoßend. Zur Gendarmerie von Rodez gebracht, wurde es bald zu einem Gegenstand der allgemeinen Neugier und zum Objekt wissenschaftlicher und pseudo-wissenschaftlicher Abhandlungen. Die Ärzte, die das Kind zuerst untersuchten, hielten es für schwachsinnig und wollten es in die Irrenanstalt von Bicêtre schicken. Auf Befehl des Ministers Champagny wurde das Kind jedoch zu Jean Itard (1774–1838) gebracht, seit 1800 Chefarzt der staatlichen Taubstummenanstalten in Paris. Er nannte es, wegen seiner ersten überhaupt wahrnehmbaren Reaktionen auf den Vokal »O«, Victor. Bis zum Alter von etwa vierzig Jahren lebte Victor unter der Obhut der Gouvernante von Itard, Mme Guérin, in einem kleinen Haus an der Rue des Feuillantines, das zur Taubstummenanstalt von Paris gehörte und verrichtete darin kleinere Dienste. Er starb 1828.

Besondere Aufmerksamkeit möchte ich darauf lenken, daß Jean Itard Chefarzt der Pariser Taubstummenanstalt gewesen ist. In einem weit stärkeren Ausmaß als heute machen sich das 18. und das 19. Jahrhundert aus Abnormitäten und Fehlentwicklungen ein Bild der menschlichen Natur. Diderots »Brief über die Blinden. Zum Gebrauch für die Sehenden« (1749) ist dafür charakteristisch. Außerdem besteht an der experimentellen Erforschung der menschlichen Natur auf dem Umweg über die Erforschung des menschlichen Körpers ein großes Interesse, waren doch nicht nur Sektionen menschlicher Leichen lange untersagt, sondern selbst das Auskultieren, das »Abhorchen der Vorgänge im Inneren« (Friedenthal 1969: 11) erst seit der Wende vom 18. zum 19. Jahrhundert erlaubt.

Das Interesse nun, das man den wilden Kindern entgegenbringt, gilt zwar der menschlichen Natur, aber nur insofern, als es darum geht, zu demonstrieren, wie sehr die Natur des Menschen der Erziehung durch den Menschen selbst bedarf, wie alles darauf ankommt, den Sieg der erworbenen (nature acquise) über die angeborene Natur (nature donnée) herbeizuführen (Malson 1964: 8/9; vgl. zu Itard Moravia 1970: 117–150; Mannoni 1965).

So wird das 1800 entdeckte Kind, das später Victor de l'Aveyron genannt werden wird, zu Dr. Itard gebracht, um, wie es im ministeriellen Erlaß heißt, »in der Erkenntnis des Menschen fortzuschreiten« (Malson 1964: 118). Schon in der Einleitung des ersten der zwei Berichte, die Itard 1801 und 1807 publizierte, entwirft er ein Bild vom Menschen: »Ohne Körperkräfte und eingeborene Ideen in diese Welt geworfen, außerstande, seiner eigenen Konstitution Rechnung zu tragen, die ihn zum ersten im System der lebenden Wesen machen, kann der Mensch nur innerhalb der Gesellschaft den hervorragenden Platz einnehmen, der ihm in der Natur bestimmt wurde. Ohne die Zivilisation wäre er eines der schwächsten und am wenigsten intelligenten Tiere ... In der wildesten Horde wie in der zivilisiertesten Nation Europas ist der Mensch nur das, was man aus ihm macht. Notwendigerweise durch seinesgleichen erzogen, gewinnt er so seine Gewohnheiten und Bedürfnisse; seine Ideen gehören ihm nicht allein; er genießt das schönste Vorrecht seiner Art, die Empfänglichkeit, seinen Verstand durch die Kraft der Nachahmung und den Einfluß der Gesellschaft zu entwikkeln« (MALSON 1964: 125/126).

Deutlich wird hier, wie sehr sich »ethnologische« und »biologische« Anthropologie der Epoche, verkürzt man sie auf ihre charakteristischen Aussagen, voneinander unterscheiden. Während jene bei den Wilden einen Naturzustand zu entdecken vermeint, der sowohl das verlorene Paradies wie das utopische Ziel der Menschengeschichte repräsentiert, sieht diese in der Natur, die man bei den wilden Kindern entdeckt, nichts als die fürchterliche Natürlichkeit, um einen Ausdruck Gehlens zu verwenden, die es durch Erziehung zu zivilisieren gilt, um das »bis dahin nicht festgestellte Ausmaß der Kenntnisse und Vorstellungen zu ermitteln, die der Mensch seiner Erziehung verdankt« (MALSON 1964: 128).

Diese Auffassung stößt auf harten Widerspruch. Wie Johann Friedrich Blumenbach (1752–1840) es ausgedrückt hat, bezweifelt man, ob sich für den Menschen, der »zum Hausthier geboren« sein soll, ein »ursprünglicher wilder Naturzustand gedenken« läßt (BLUMENBACH 1811: 43), ob nicht – nicht nur in dem Falle des wilden Peter von Hameln (1724), an den Blumenbach denkt – »das vermeinte Ideal des reinen Naturmenschen ... durchaus nichts weiter, als ein stummer, blödsinniger Tropf« (BLUMENBACH 1811: 26/27) sei.

Diese Polemiken – sie haben eine langandauernde Wirkung gezeigt, noch heute beruft etwa Lévi-Strauss sich auf Blumenbach (LEVI-STRAUSS 1949; zur Kritik MALSON 1964) – unterschlagen, daß es weniger um die Konstatierung eines ursprünglichen Naturzustandes ging, als um die genauere Feststellung einer »zweiten Natur« des Menschen, die ihm eben nur durch die Gesellschaft, durch Erziehung, verliehen werden konnte. Gängig waren Vorwürfe wie der Esquirols, bei Victor de l'Aveyron handele es sich um kein »wildes Kind«, sondern um einen »flüchtigen oder von seinen denaturierten Eltern verstoßenen Idioten« (MALSON 1964: 98).

Ganz abgesehen davon, daß nicht einsichtig ist, warum nicht auch – trifft diese Vermutung zu – in diesem Falle auf Konsequenzen geschlossen werden kann, die eine fehlende Erziehung, eine fehlende zweite Natur, für den Menschen mit sich bringt, ist eine andere Bemerkung von größerer Bedeutung. Weniger bei den scharfen und seine Bemühungen vollständig ablehnenden Kritikern als bei jenen, die Itards pädagogischen Anstrengungen ein gewisses Interesse entgegenbrachten, erkennt man die gesellschaftlichen Implikationen einer solchen Kritik. So hat Delasiauve Itard vorgeworfen, er habe Victor zu sehr in einem Geist der Harmonie und des Verständnisses erzogen und ihn viel zu wenig jenen Situationen der Selbstbehauptung und der Rivalität ausgesetzt, die »wie gewöhnliche Kinder, so auch die Idioten stimulieren« (Malson 1964: 98).

Auf einen Kritiker Itards müssen wir etwas näher eingehen, auf Pinel, den berühmtesten Psychiater der Epoche. Seine Kritik heranzuziehen erlaubt es, wenn auch nur flüchtig, auf den dritten Personenkreis zu sprechen zu kommen, aus dem die Anthropologie der Zeit ihre Anschauungen gewonnen hat; neben den Wilden und den Kindern sind es vor allem die Irren.

In einem Rapport, den Pinel über Victor de l'Aveyron verfaßt hat, sieht er in ihm einen Menschen, der, seiner intellektuellen Fähigkeiten vollständig beraubt, aufs Haar jenen Idioten gleicht, die Pinel in Bicêtre behandelt (Malson 1964: 90). Pinel war nicht nur der bekannteste Psychiater der Epoche, er galt auch als der progressivste. Sein Name ist mit dem Ereignis der »Irrenbefreiung« untrennbar verbunden.

Michel Foucault hat dargestellt, wie sich die Anschauung des Menschen von Vernunft und Unvernunft, von Natur und Unnatur in der Art und Weise ausgedrückt hat, wie die Irren behandelt wurden (Foucault 1969). 1656 beginnt die große »Einschließung« (enfermement), das »Hôpital Général« von Paris wird gegründet, 1662 beherbergt es schon mehr als 1% der französischen Bevölkerung, nämlich 6000 von 500 000 Einwohnern des Landes. Diese Internierung war die Antwort auf eine ökonomische Krise. Zuerst handelte es sich, wie bei den englischen »work-houses«, um Maßnahmen gegen die Arbeitslosigkeit. Später, als der Welthandel sich ausweitete, be-

gann man, die Internierten wie »Normale« arbeiten zu lassen, in Hospitälern, die schließlich zu riesigen Manufakturen wurden.
Vor der Revolution gehörte es zum Sonntagsvergnügen der französischen Bourgeoisie, einen Ausflug nach Bicêtre zu unternehmen, um die Irren zu besichtigen – Peter Weiss' Drama greift auf diese Situation zurück. Pinel nun »befreit« die Irren, er nimmt ihnen die Ketten, sie dürfen sich wieder frei bewegen. Aber diese Irrenbefreiung hat paradoxe Konsequenzen. Die Irren werden nun nicht mehr wie *Kranke*, sondern wie *Anormale* behandelt, als Abweichler nicht von der Natur, sondern von der Gesellschaft. So wird Medizin letztlich in Justiz, Therapie in Repression verkehrt. Weiter schließt Pinel diejenigen, die sich auch nicht durch die Androhung von Strafen dazu bewegen lassen, von ihren Anormalitäten zu lassen und vernünftig zu werden, wieder ein: eine neue Einschließung inmitten dessen, was einst als Irrenbefreiung und als Triumph der Aufklärung erschien.
Foucault hat deutlich gemacht, daß es Pinel nicht um die Heilung einer kranken Natur, sondern um die Bekehrung zu einer gesellschaftlichen Norm ging: »Der Irre sollte in seinen Gesten überwacht, in seinen Ansprüchen gedrückt, in seinen Wahnideen widerlegt, in seinen Irrtümern lächerlich gemacht werden: jedem Abweichen vom Normalen sollte die Strafe auf dem Fuße folgen. Und zwar unter Anleitung eines Arztes, dem nicht so sehr eine Therapie als eine ethische Kontrolle oblag. Der Arzt in der Irrenanstalt ist ein Agent der Moralsynthesen« (Foucault 1968: 109/110).
Es kommt weniger darauf an, ob Itard oder Pinel mit ihrer Einschätzung des Victor de l'Aveyron Recht hatten – eine Frage, die zu entscheiden heute ohnehin kaum mehr möglich ist. Was uns interessieren muß, ist die Tatsache, daß hinter diesen anthropologischen Deutungen jeweils die Umrisse einer bestimmten Gesellschaftsauffassung sichtbar werden, die die Anthropologie determinierten. Was Foucault ausdrückt, gilt nicht nur für die Beschäftigung mit den Irren, sondern gleichermaßen für das Interesse an den Wilden und an den Kindern: »Die Analysen unserer Psychologen und Soziologen, die aus dem Kranken einen von der Norm Abweichenden machen und den Ursprung des Krankhaften im Anomalen suchen, sind also vor allem eine Projektion kultu-

reller Themen. In Wirklichkeit drückt sich eine Gesellschaft in den Geisteskranken, die ihre Mitglieder aufweisen, positiv aus ...« (FOUCAULT 1968: 97/98).

Rousseau. »Naturzustand« als methodischer Begriff

Hat sich in diesem skizzenhaften Ausschnitt der Anthropologie-»Geschichte« bereits gezeigt, wie komplex das Verhältnis der Anthropologie zur Gesellschaftstheorie ist, so verstärkt sich der Eindruck dieser Komplexität noch, wenn man auf Rousseau zu sprechen kommt. Die französische Revolution war eine Umwälzung der Gesellschaft im Namen der Natur – »Natur« ist im 18. Jahrhundert ein Emanzipationsbegriff (SPAEMANN 1967: 60). Freilich kann Natur in verschiedener Weise verstanden werden: »Natur ist einerseits jene individuelle, durch Selbsterhaltungstrieb primär bestimmte Vermögensausstattung und Bedürfnisstruktur des Menschen, die hervortritt, wenn der Mensch die Überformung der traditionellen christlichen Geschichtswelt abstreift. Natur ist andererseits ein hypothetischer, dieser Geschichte vorausliegender Anfangszustand des Menschen. Je nachdem, ob die bisherige Geschichte als Entfernung von der anfänglichen Natur oder als innerhalb dieser verbleibend gedacht wird, erscheint die Emanzipation als Rückkehr zur Natur oder als Heraustreten aus ihr« (SPAEMANN 1967: 61; vgl. BORKENAU 1934: 471 ff.).

Um nicht den falschen Eindruck einer gleichsam »linearen« Entwicklung der Naturauffassung entstehen zu lassen, an deren Ende die Dissoziation des Naturbegriffes steht, soll hier noch folgendes angemerkt werden: Von einem doppelten Naturbegriff lebt schon die Spannung der »Pensées« (1670) Pascals. Während die »erste Natur« auf das verlorene Paradies verweist, ist der Mensch gleichzeitig mit einer »zweiten Natur« behaftet, die von Verzweiflung geprägt ist und ihm das Katastrophische seiner Existenz deutlich macht. Diese Dissoziation des Naturbegriffes wird bei Buffon wieder aufgehoben. Im Essai »La Nature«, einem theoretischen Zwischenspiel seiner »Histoire naturelle, générale et particulière (1749–1789) fallen beide Begriffe im Terminus »La Nature« wieder zusammen: »An der Welt ist nichts mehr von

Tödlichem, Unzulänglichem oder Hinfälligem« (SCHABERT 1969: 30/31). Diese Randbemerkung soll deutlich machen, daß nicht generell von einem einheitlichen oder dissoziierten Naturbegriff gesprochen werden kann, sondern jeder Naturbegriff auf besondere historische Umstände verweist.

Es läßt sich nun zeigen, daß die Bewegung der Emanzipation des Menschen und des Citoyen zugleich, die Rousseau einzuleiten versucht, beide Naturbegriffe – in dem Sinne, in dem Spaemann sie oben getrennt hatte – miteinander verknüpft und Anthropologie und Gesellschaftstheorie dabei eins werden.

1750 stellte die Académie von Dijon die Frage, ob Wissenschaften und Künste zur Verbesserung der Sitten beigetragen hätten (»Si le rétablissement des sciences et des arts a contribué à épurer les mœurs«), die Rousseau strikt verneinte und damit Preisträger wurde. Der zweite Rousseausche Discours ist die Beantwortung der vier Jahre später von der gleichen Académie gestellten Frage nach dem Ursprung der Ungleichheit unter den Menschen – deren Einfluß bis hin zu Ralf Dahrendorfs Tübinger Antrittsvorlesung sichtbar ist. (DAHRENDORF 1961). Den systematischen Ablauf der Diskussion um das Verhältnis von Natur- und Gesellschaftszustand kann ich nicht rekonstruieren. Mir scheint aber folgender Hinweis nützlich, der auch hier davor bewahren soll, voreilige »Frontenbildungen« nachzuvollziehen.

Im Abschnitt »De l'homme« seiner »Histoire naturelle« läßt Buffon bereits jene methodologische Orientierung erkennen, die für Rousseaus Betrachtung des »Wilden« kennzeichnend ist. Ihm geht es nämlich nicht um die historisch gültige Rekonstruktion eines Idealzustandes, sondern um die Demonstration eines vorbildlichen Typus: »Ein Wilder, der nichts als Wilder wäre ... müßte die ganze Aufmerksamkeit eines Philosophen in Anspruch nehmen. Indem er den Wilden beobachtete, könnte er die Stärke der natürlichen Strebungen richtig einschätzen; er sähe eine Seele offen vor sich und vermöchte in ihr alle natürlichen Bewegungen zu unterscheiden. Vielleicht würde er in ihr mehr Sanftheit, Ruhe und Gelassenheit als in seiner eigenen finden; vielleicht würde er klar erkennen, daß die Tugend eher eine Eigenschaft des Wilden als des Zivilisierten ist, und daß das Übel seinen Anfang erst mit der Gesellschaft genommen hat« (BUFFON 1861: 386/387).

Die Kritik an einem nicht nur moralisierend als Vorbild hingestellten »guten Wilden«, sondern auch an der Evozierung eines politisch maßgebenden Naturzustandes haben Revolutionäre wie Gegenaufklärer ausgesprochen (S. 84 f.). Rivarol hat darauf hingewiesen, daß der Mensch von Natur aus nicht einsam, sondern gesellig sei und der »état solitaire« daher, oft als Umschreibung des »état naturel« verwendet, nichts als ein »künstlicher Zustand« (RIVAROL 1956: 116). Den Verfassern der »Déclarations des droits de l'homme ...« hat er vorgeworfen, den absolut wilden mit dem gesellschaftlichen Menschen zu verwechseln und hat die auf dieser Verwechslung beruhende Verfassung einen »Code der Wilden« (le code des sauvages) genannt, der es den Negern in den Kolonien und den Domestiken »in unseren Häusern« gestatten würde, »uns von unseren Besitztümern zu vertreiben« (RIVAROL 1964: 88; 89).
Ebenso hat der Revolutionär Saint-Just die Berufung auf den »état sauvage« als den Naturzustand kritisiert – doch ohne die »Wildheit« der Zivilisation und das Zwanghafte im arkadischen Rückblick zu unterschlagen: »Gezwungen, sich durch die Gewalt der Waffen am Leben zu erhalten, sprachen die Menschen der Natur die Bedürfnisse zu, die ihnen erst durch das Vergessen der Natur zum Bewußtsein gekommen waren ... Man gewöhnte sich daran, zu glauben, daß das natürliche das wilde Leben sei. Die korrumpierten Nationen hielten das brutale Leben der Barbaren für die Natur; während doch die einen wie die anderen auf ihre Weise wild waren und sich nur in der Form ihrer Barbarei voneinander unterschieden« (SAINT-JUST 1946: 283).
Rousseau beschreibt es im zweiten Discours als sein Ziel, »einen Zustand (nämlich den Naturzustand, W. L.) gut kennenzulernen, der vielleicht überhaupt nie existiert hat, der vielleicht nie existieren wird und von dem man doch eine genaue Kenntnis haben muß, um über unseren gegenwärtigen Zustand wirklich urteilen zu können« (ROUSSEAU 1955a: 66). Der Naturzustand ist kein *historischer*, sondern ein *methodischer* Begriff: er bezeichnet das Bündel anthropologischer Annahmen, das zur Grundlage einer jeden Gesellschaftstheorie, die sich als Gesellschaftskritik versteht, wird. Denn ähnlich wie Kant es ausgedrückt hat, spricht Rousseau davon, »daß die menschliche Natur nicht zurückschreitet

und daß man nie mehr zu den Zeiten der Unschuld und der Gleichheit zurückkehrt, wenn man sich einmal aus ihnen entfernt hat ...« (ROUSSEAU, nach BARTH 1959: 16 ff.). Ja, mehr noch, dieser Zustand ist nicht nur nicht mehr herstellbar, ihn zurückzuwünschen kann unser Interesse nicht sein: »Die süße Stimme der Natur ist für uns kein unfehlbarer Führer mehr noch ist die Unabhängigkeit, die wir von ihr erhalten haben, ein wünschenswerter Zustand ...« (ROUSSEAU 1955a: 286).

Es ist nicht nötig, da es hier darauf ankommt, den »Naturzustand« als einen methodischen Begriff zu behandeln, auf dessen inhaltliche Prämissen einzugehen. Nur soviel soll erwähnt werden: im Naturzustand, als dem Gesellschaftszustand entgegengesetzt, kann vom »Menschen« im eigentlichen Sinne keine Rede sein. Ihm gehört nämlich Sprache als Wesensmerkmal untrennbar zu, diese aber (la parole) ist die erste *gesellschaftliche* Institution (ROUSSEAU 1817: 501).

Der Begriff des Naturzustandes führt weniger dazu, einem verlorenen Paradies melancholisch nachzutrauern, oder es als Folie einer künftigen Gesellschaft zu entwerfen, sondern begründet Gesellschafts*theorie* als Gesellschafts*kritik*. Zwar haben die Zufälle, aus denen der Geschichtsprozeß sich zusammensetzt, die menschliche Vernunft vervollkommnet, doch haben sie die Gattung verdorben und den Menschen schlecht gemacht, indem sie ihn gesellig werden ließen (ROUSSEAU 1955a: 189). Damit taucht folgendes methodisches Problem auf: Gegeben sind der Naturzustand als Hypothese und der reale Zustand der Gesellschaft, wie Rousseau sie gesehen hat. Beide müssen miteinander verknüpft werden, sollen aus der Hypothese des Urzustandes Leitlinien der Theorie und der Kritik gewonnen werden. Rousseau entscheidet sich für eine Art »Interpolationsprinzip«: »Wenn zwei real gegebene Tatsachen mit einer Folge von dazwischenliegenden zu verknüpfen sind, die unbekannt sind oder scheinen, ist es der Historie, sofern vorhanden, überlassen, verknüpfende Tatsachen beizubringen, aber Sache der Philosophie ist, wenn die Historie fehlt, die wahrscheinlichen, dazwischenliegenden Tatsachen zu bestimmen, welche die real gegebenen Tatsachen verknüpfen« (ROUSSEAU 1955a: 191).

Der Entwurf des Gesellschaftszustandes ist bei Rousseau kein

Rückblick auf ein Arkadien der menschlichen Geschichte, noch hat er utopische Ziele zur Grundlage: »Ich beabsichtige zu untersuchen«, sagt Rousseau, »ob es in der bürgerlichen Verfassung irgendeinen gerechten und sicheren Grundsatz der Staatsverwaltung geben kann, wenn man die Menschen nimmt, wie sie sind, und die Gesetze, wie sie sein können« (Rousseau 1963: 29).
Dieser Gesellschaftszustand, aufbauend auf dem in methodischer Absicht unternommenen Entwurf einer Anthropologie, verhilft den Menschen zu einer »vielleicht höheren Art von Freiheit« (Gehlen 1963: 245; zur Rousseau-Kritik Gehlen 1961: 59 ff.), paßt sie in die Gesellschaft ein wie in eine zweite Natur: »Das Höchste, was der homme civil erreichen kann, ist die Integration in eine société close, die so total ist, daß sie die verlorene Naturbindung zu ersetzen vermag« (Spaemann 1967: 71). Daher heißt es auch im »Emile«, die besten sozialen Institutionen seien jene, die den Menschen am meisten denaturierten, und wer in der bürgerlichen Gesellschaft sich die Ursprünglichkeit seiner natürlichen Gefühle bewahren will, der weiß angeblich nicht, was er will.
Natur hat bei Rousseau damit einen Sinn erhalten, der mit der Maxime des »Zurück zur Natur« nicht mehr verbunden werden kann. »Natur in diesem vollen Sinne ist ein Spätprodukt. Erst die bürgerliche Gesellschaft setzt sie als Subjektivität frei. Und es wird, ... in den Augen Rousseaus die höchste Rechtfertigung dieser Gesellschaft, daß sie es einem bestimmten Typ von Individuen erlaubt, das höchste Glücksgefühl durch den Rückzug aus ihr, der Gesellschaft, d. h. durch ein Leben an ihrem Rande zu genießen« (Spaemann 1967: 73).
Traditionelle Konnotationen behält dieser Naturbegriff nur dort, wo Reflexion ihm entgegengesetzt wird. Diese ist für Rousseau – und auch das hat Gehlen des öfteren zitiert (Gehlen 1966: 314) – ein Zustand wider die Natur (état contre nature), der immer wieder einen »Keil zwischen Denken und Tun« (Weigand) der Menschen treibt und seine Verderbtheit allererst erzeugt: »Es ist der Verstand, der die Selbstzucht erzeugt. Es ist die Reflexion, die sie stark macht. Sie ist es, die den Menschen sich auf sein Ich zurückziehen läßt. Sie ist es, die ihn sich von allem abschneiden läßt, was

ihn stört und bedrückt. Die Philosophie ist es, die ihn vereinzelt« (ROUSSEAU 1955a: 175). Rousseau muß sich allerdings, wie Robert Spaemann es formuliert hat, die Frage gefallen lassen, die an jede reflexionsfeindliche Anthropologie zu richten ist: »...wie nämlich die Reflexion imstande sein soll eine Spontaneität zu entdecken, die durch eben diese Reflexion gerade aufgehoben wird« (SPAEMANN 1967: 68). Rousseaus Verbindung von »biologischer« und »ethnologischer« Anthropologie, von Gesellschaftskritik und Gesellschaftstheorie offenbart »uns etwas anderes als einen utopischen Naturzustand oder die vollkommene Gesellschaft im Herzen des Urwalds. Sie trägt vielmehr dazu bei, ein theoretisches Modell der menschlichen Gesellschaft zu entwikkeln ...« (LEVI-STRAUSS 1960: 362; RITTER 1970).

Im Namen der Natur?
Möglichkeiten und Grenzen einer anthropologischen Kritik an der Neuen Linken

Seit der Marquis de Condorcet behauptet hat, die französische Revolution sei »im Namen der Natur« erfolgt, und de Bonald ebendiese Revolution als einen »Krieg gegen die Natur« bezeichnet hat, berufen sich Revolutionäre wie Gegner der Revolution auf die Natur. Daß offene oder verborgene Anthropologien anscheinend zum unverzichtbaren Bestandteil politischer Theorie und Tagespolemik gehören, zeigt auch eine Form der Kritik an der Neuen Linken, die ich »anthropologisch« nennen will. Die Kennzeichnung bezieht sich dabei allein auf die Tatsache, daß hier Annahmen über die menschliche Natur zur Grundlage der politischen Kritik werden. Diese Annahmen sind dabei so vielfältig wie die Positionen, die sich innerhalb der Neuen Linken ausmachen lassen. Wird dieser auf der einen Seite ein Utopismus wider die Natur vorgeworfen, so auf der anderen anthropologischer Optimismus – gelten die Thesen der Revolutionäre den einen als obsolet, weil sie sich an Marx klammern, so den anderen als bloße Wunschphantasie, weil sie den Horizont marxistischen Denkens und Fragens bereits überschritten haben. Eine Darstellung der »anthropologischen Kritik« an der Neuen Linken wird daher weniger zur Klärung politischer Fronten beitragen, als wiederum die Renaissance anthropologischer Fragestellungen demonstrieren.
Gängig ist der Vorwurf an die Neue Linke, sie propagiere ein utopisches Gesellschaftssystem, »ohne zu erkennen, daß die vermeintlichen Übel gar nicht einem abstrakten System, sondern der Natur des Menschen entspringen« (Frank 1969: 34), »daß es gesellschaftliche Unzuträglichkeiten gibt, die die Projektion innermenschlicher Antagonismen sind und nicht umgekehrt diese die Ursache jener« (Szczesny 1970: 11). Weil sie sich dieser Einsicht nicht zu fügen scheint, gilt die »Aufklärungsphilosophie der neuen Linken« als »natur- wie geschichtsbild und damit menschenfeindlich«.
Wie immer man auch die Topographie der in der Gegenwart

feststellbaren politischen Positionen beschreiben mag – Äußerungen der genannten Art sind nur schwer zu etikettieren. Auch Arnold Gehlen, der ja nachdrücklich immer wieder darauf hingewiesen hat, daß der Mensch sich nur »indirekt« festhalten könne, hätte folgenden Satz niederschreiben können: »Sich ganz als den darstellen, der er ist, kann der Mensch gerade nur dann, wenn die gesellschaftlichen Normen und Einrichtungen die Widersprüchlichkeit und auch Rätselhaftigkeit seiner Natur ausdrücklich in Rechnung stellen« (SZCZESNY 1970: 11). Dennoch ist diese Aussage natürlich nicht schlechthin konservativ – sie läßt sich auf höchst unterschiedliche Vorbilder zurückführen, und die in ihr ausgesprochene Einsicht gehört durchaus zum Gedankenrepertoire realistischer Revolutionäre.

Die genannte Formel ließe sich eher als »liberal« charakterisieren, wenn man nur im Skeptizismus grundsätzlich ein Element des Liberalismus sehen will. 1891 erschien in der »Berliner Arbeiterbibliothek« ein Band von Paul Kampffmeyer mit dem Titel »Ist der Sozialismus mit der menschlichen Natur vereinbar?« Er begann mit dem Satz: »Die Unvereinbarkeit der menschlichen *Natur* mit der *sozialistischen* Gesellschaftsordnung ist ein unumstößliches Dogma des Liberalismus.« Und 1968 schrieb der Liberale Karl-Hermann Flach in seiner Auseinandersetzung mit den »Kinderkrankheiten der Linksradikalen«: »Was bei den jungen Linken ... verblüfft und wirklich bedenklich stimmt, ist ihre Ignoranz gegenüber der modernen Psychologie, die uns längst gelehrt hat, daß es gewisse Triebkräfte im Menschen gibt, die unabhängig von der Gesellschaftsordnung die menschliche Psyche bestimmen.« Flachs Kritik mit dem Untertitel »Sie ignorieren Freud« erschien zur gleichen Zeit, da in der Neuen Linken die Thesen Wilhelm Reichs eingehend diskutiert wurden, die Kommune-Bewegung sich ebenso an der Psychoanalyse (miß-) orientierte wie am (Neo-) Marxismus und bereits deutlich wurde, daß eine der wichtigsten theoretischen Konsequenzen der Anfangsphase der Neuen Linken die erneute Diskussion um eine mögliche Verschmelzung der Einsichten von Freud und Marx sein würde – wobei Versuche einer wechselseitigen Kritik von Freud an Marx und umgekehrt dazu die Voraussetzung bildeten (HABERMAS 1968b; SONNEMANN 1969; WYSS 1969).

Von anderer Seite wurde der Neuen Linken – solange sie sich noch vorwiegend an Herbert Marcuse orientierte – ein realitäts-adäquater Instinkt zugesprochen: »Man kommt um Freud nicht herum, wenn man die Welt von Marx aus zu sehen versucht« (DIRKS 1968: 297). Wenn auch der Verlauf der Organisationsdebatte in der Neuen Linken die Orientierung an Herbert Marcuse abschwächte und wenn auch zweifelhaft ist, ob die Berufung auf ihn auch dem Freud des »Realitätsprinzips« galt – deutlich wird die Variabilität der Kritik, die an der Neuen Linken »im Namen der Natur« geübt wird.

Antinaturalismus

»Mißtrauisch gegen alle Anthropologie«, so Adorno in der »Negativen Dialektik«, sei Marx gewesen. Freilich gilt dies nicht durchgängig. Das Mißtrauen, von dem Adorno spricht, ist bei Marx kein Affekt, sondern erarbeitet, und ob diese Charakteristik sein Verhältnis zur Anthropologie überhaupt adäquat widergibt, bleibt noch zu klären. Immerhin kann zu dem »Antinaturalismus«, den in einem programmatischen Aufsatz der »Temps Modernes« Claude Lanzmann einst als ein Kennzeichen der Linken beschrieben hat (LANZMANN 1955: 1645), auch der Anthropologie-Verdacht gerechnet werden. Die Linke selbst hat ihn geäußert und Rückgriffe auf anthropologische Aussagen auch dann um so nachdrücklicher als Ideologie des status quo denunziert, wenn sie sich damit bewußt sein mußte, das Marxsche Werk nun nicht mehr bruchlos als Einheit rezipieren zu können.

Zunächst einmal bezeichnete der »Antinaturalismus« ein epistemologisches Problem. Er nahm Bezug auf eine typische Erkenntnisweise, durch die der Marxismus sich von der bürgerlichen Ökonomie unterscheiden wollte: indem er keine platte Abbildung der Welt, sondern deren Rekonstruktion im Kopf lieferte, um die Gesetze der Wirklichkeit auf dem Weg über die *konstituierte Wirklichkeit* adäquat zu erfassen. Die Marxsche Analyse, die sich von der Oberfläche der Dinge entfernt, um ihr »Wesen« zu erfassen, entdeckt hinter der »Natürlichkeit« ökonomischer Kategorien die verborgene »Geheimgeschichte« der bürgerlichen Gesellschaft und damit deren wahre »Natur«.

Zu den verdeckenden Kategorien zählte für Marx auch der Rückgriff auf »*den* Menschen«; diese Formulierung mit den daraus sich ergebenden theoretischen Konsequenzen hat er vor allem in seiner Abrechnung mit den »wahren Sozialisten« scharf kritisiert. Aus solcher Kritik hat nicht nur Louis Althusser bei Marx die Absage an den »Humanismus« und einen generellen Anthropologie-Verdacht erschließen wollen. In diesem Sinn bezieht sich der Begriff des »Antinaturalismus« auch auf die Absage an jede Anthropologie.

Wenn Hans Albert der Linken und ihrer »neuen deutschen Ideologie« Antinaturalismus vorwirft, meint er damit »die prinzipielle Abneigung, den Menschen als Teil der Natur zu verstehen und ihn der naturwissenschaftlichen Forschungsmethode auszuliefern« (ALBERT 1970: 20). Dieser Vorwurf kann in seinem ersten Teil die Neue Linke, soweit sie sich an Marx orientiert, nicht treffen: daß der Mensch nur als ein Teil der Natur recht verstanden werden kann, gehört gerade zu den Voraussetzungen marxistischen Denkens. Daß aus dieser Tatsache aber nicht ohne weiteres auch eine bestimmte methodologische Orientierung der Sozialwissenschaften zu folgen hat, ist der eigentliche Differenzpunkt, der auch zum Gegenstand des Positivismusstreits wurde.

Der Antinaturalismus kann auch historisch nicht zwingend der Linken zugeschrieben werden. Condorcet hat die Gesetze der Natur auch auf Intellekt und Moral des Menschen anwenden wollen und darin die eigentliche Glaubwürdigkeit der Naturwissenschaften erblickt – schneidend hat der Gegenaufklärer de Bonald dem entgegengehalten, daß die Menschen weder besser werden, noch sich besser zu beherrschen lernen, wenn ihr Wissen zunimmt und daß letztlich die Naturwissenschaften weder zur Tugend noch zum Glück des Menschen irgend etwas beizutragen vermögen – mithin zu seiner Analyse auch ohne jeden Nutzen sind (vgl. S. 89).

Wenn man von Antinaturalismus sprechen will, muß man einen Antinaturalismus der Rechten wie der Linken konstatieren. Rivarol hat der französischen Nationalversammlung entgegengehalten, sie vergesse, daß der politische Körper ein künstliches Wesen sei, welches der Natur nichts verdanke; diese aber würde den Dekreten der Nationalversammlung besser widerstehen als die Monarchie es vermocht hätte. Nirgends drückt Rivarol seine bittere Ironie deutlicher aus, als

in der Beschreibung der Pariser Bevölkerung, welche die Bastille stürmte, die sie gar nicht zu fürchten hatte und die Irrenanstalt Bicêtre ungeschoren ließ, weil sie an den Ursachen, die Bicêtre notwendig machten, doch nichts zu ändern vermochte.
Hierin unterscheiden sich »linker« und »rechter« Antinaturalismus: dieser erstarrt vor der Gewalt der Natur, die zu Ohnmacht und Kontemplation zwingt, jener hält die Natur für manipulier –, weil prinzipiell kalkulierbar.

Anthropologismus

In der Geschichte des Marxismus gehören Antinaturalismus und Anthropologismus zusammen. Ersterer beinhaltet den Verzicht auf *jede*, letzterer den *ausschließlichen* Bezug auf Anthropologie. Louis Althusser sieht in den anthropologischen »Resten« bei Marx selbst noch Ideologie, Jean-Paul Sartre hält nicht nur den Marxismus für die einzig mögliche Anthropologie, sondern auch den Marxismus einzig als Anthropologie für möglich.
Der Rückgriff auf Anthropologie erfolgt im Marxismus zunächst da, wo an der Vorstellung einer marxistischen Ethik festgehalten wird und Marxismus und Humanismus zusammengesehen werden: »Um zu verstehen, wann sich der Mensch ethisch und wann er sich unethisch verhält, muß erst verstanden werden, was er an sich ist, welche Handlungen seinem Wesen, das wir als ein humanistisches nachweisen werden, entsprechen und welche ihm widersprechen« (Kofler 1970: 275). Daher hat Kofler ein »anthropologisches Prolegomenon« jeder Gesellschaftsanalyse voranstellen wollen.
Abgesehen von den eschatologischen Hoffnungen auf eine »Resurrektion der Natur«, wie sie bei Bloch und Benjamin sich finden, zeigt sich die Bedeutung des anthropologischen Rückgriffs vor allem bei Herbert Marcuse. Dieser Rückgriff entspringt sowohl einem Verzicht auf gängige Kategorien der Gesellschaftsanalyse wie Skepsis gegenüber der traditionellen Auffassung von der Arbeiterklasse als dem einzig revolutionären Subjekt. Daher plädiert Marcuse für die »Idee einer neuen Anthropologie, nicht nur als Theorie, son-

dern auch als Existenzweise« (MARCUSE 1967: 15). Die Begründung, die er dieser Idee gibt, macht den Begriff »Anthropologie« freilich obsolet. Wenn man nämlich, wie Marcuse, davon auszugehen können glaubt, »daß jenseits der Animalität ... alle menschlichen Bedürfnisse einschließlich das der Sexualität historisch bestimmt, historisch transformierbar« seien, ist nicht einsehbar, warum von »Anthropologie« überhaupt noch gesprochen werden soll. Gegenüber der Beschwörung des »neuen Menschen« bei Marcuse und anderen – vor allem in der Anfangsphase der Neuen Linken – wirkt die entlarvende Konsequenz Wilhelm Weitlings realitätsgerechter, der für diejenigen, die sich seiner Utopie nicht fügen wollten, »Abgehung in die Besserungsanstalten und Deportation in die Bergwerke und Colonien« vorsah (WEITLING 1971: 169).

Nicht ohne Ironie und durchaus berechtigt hat Peter Christian Ludz daher behauptet, »die unabhängige Assoziation freier Individuen« setze eine »Neue Anthropologie« voraus. Dahinter verbirgt sich der Vorwurf, mit Mitteln der Wissenschaft über den »neuen Menschen« letztlich nichts aussagen zu können und unweigerlich in den Zirkel zu geraten, daß nur eine »neue Wissenschaft« auch den »neuen Menschen« adäquat beschreiben kann, wie umgekehrt diese Disziplin wohl nur von den »neuen Menschen« zu erarbeiten sein wird.

Den »Anthropologismus« der Neuen Linken kann man aber nicht nur in der Propagierung des »neuen Menschen« aufzeigen. Wolfgang Harich hat in seiner »Kritik der revolutionären Ungeduld«, letztlich einer Abrechnung mit dem »anthropologischen Optimismus« (MICHEL 1969: 180) des anarchistischen Flügels der Neuen Linken, Ähnlichkeiten zwischen Anschauungen Arnold Gehlens und Auffassungen der Neuen Linken aufzeigen wollen*. Deren Theorie sei nämlich »un-

* Diese Kritik mußte umso schärfer treffen, als gerade die Neue Linke – nicht ohne Berechtigung, aber in der Schärfe überzogen – Jürgen Habermas vorgehalten hatte, Thesen Gehlens zu übernehmen und zu integrieren (LEPENIES, 1971: 89, 101).

Habermas seinerseits hat das Interesse von Harich an Gehlen folgendermaßen begründen wollen: »Marx hätte die Reproduktion des Lebens durch instrumentelles Handeln im Anschluß an Herder als notwendige Bedingung menschlicher Existenz begreifen können, doch hat er diesen Aspekt kaum aufgegriffen. Die daraus resultierende Lücke im Marxschen

geachtet des diametral entgegengesetzten Wertakzents, den der neoanarchistische Sprachgebrauch ihr verliehen hat, den antimarxistischen Tendenzen der Gehlenschen Soziologie so eng verhaftet geblieben, daß sie mit revolutionsbejahendem Vorzeichen kaum geringere Verwirrung stiftet als im ursprünglichen konservativen Kontext« (HARICH 1971: 45).
Harichs Kritik wendet sich gegen eine ausschließlich anthropologisch argumentierende Institutionenkritik. Er wirft der Neuen Linken vor, mit Gehlen irrtümlich vorauszusetzen, »daß Institutionen, die an bestimmte historisch-transitorische Verhältnisse gebunden sind, sich überhaupt unter anthropologischen, d. h. vom Geschichtsprozeß abstrahierenden Gesichtspunkten beurteilen ließen – sei es selbst unter Gesichtspunkten einer in den Grenzen ihres legitimen Gegenstandsbereichs zutreffenden Anthropologie«.* Denn für »Ordnungsstrukturen, in ihrer historischen Konkretheit, ist die Anthropologie durchaus unzuständig. Sie adäquat auf den Begriff zu bringen, ist einzig Sache der Gesellschaftswissenschaften« (48).
Harichs Vorwurf an die anarchistische Fraktion der Neuen Linken ist berechtigt und richtig. In der Tat hätte die Linke von der Dialektik der Aufklärung wenig verstanden, würde sie anthropologische Kategorien bemühen, um Phänomene wie »Herrschaft, Unterordnung, Macht, Autorität, Ausbeutung« zu erklären. Harichs Kritik ist freilich in einem doppelten Sinne veraltet: sie trifft die Neue Linke nicht mehr und sie orientiert sich an einem Bild von Anthropologie, das fast ausschließlich von der Gehlenschen geprägt ist. Die Neue Linke befindet sich unterdessen in einer Phase, in der anthropologische Erklärungsmuster der genannten Art faktisch keine Rolle mehr spielen. Andererseits aber durchlaufen die anthropologischen Disziplinen eine Etappe der Neuorientierung, die sowohl das Projekt einer historischen Anthropolo-

Werk hat das Interesse von Marxisten – wie etwa von Harich – an Gehlen geweckt. Indessen sollten gerade die Konsequenzen der Gehlenschen Anthropologie mißtrauisch stimmen auch gegenüber dem Marxschen Ansatz, den Menschen nur aus Arbeit zu begreifen ...« (HABERMAS 1966/67b: 13; vgl. KLAGES 1964).

* Dazu die Frage Mablys: »Or je demande pourquoi une institution arbitraire des hommes et qu'ils auraient pu ne pas établir ne peut-être changée sans ruiner l'ordre même de la nature?« *Doutes proposés aux philosophes économistes* (1768), nach MOSCOVICI 1968: 14.

gie verwirklichbar, wie eine Anthropologie überhaupt nur noch als sozialwissenschaftlich orientierte sinnvoll erscheinen läßt.*

Natur als Gegen-Utopie

Ob die Utopie der Neuen Linken sich auf einen Antinaturalismus oder Anthropologismus gründet: unter Berufung auf »die Natur« wird ihr entweder das Fehlen einer Anthropologie vorgeworfen oder eine falsche Anthropologie kritisiert. Die Idee des »neuen Menschen« steht dabei im Mittelpunkt einer Kritik, die letztlich einer anthropologischen Begründung der Utopie einen anthropologischen Pessimismus als Korrektiv entgegensetzen will. Hannah Arendt hat in Bezug auf den »neuen Menschen« von einem »Spuk« gesprochen, dem »alten utopischen Unsinn«, der notwendigerweise »in der Gewaltherrschaft, bzw. in einer Entmenschlichung des Menschen« enden müsse (ARENDT 1970: 70).
Unter Berufung auf die menschliche Natur wird vor dem Glauben an eine unbeschränkte Leitungs- und Leistungsfähigkeit der Rationalität gewarnt: »Auch der Mensch ist nur zu bewegen, wenn man zuvor festgestellt hat, welche Elemente nach welchen Gesetzen ihn konstituieren. Befragt man so die menschliche Natur, dann zeigt sich, daß sie tief eingebettet ist in Schichten, die dem Geist vorausgehen und ihn tragen. Nicht nur Empfinden und Verhalten, sondern auch das Denken des Menschen ist auf weiten Strecken von physio- und psychologischen, nicht von sach- oder vernunftgemäßen Antrieben bestimmt«. Aus der Respektierung der »Un-Vernunft« wird dabei ein anthropologisches Programm entwickelt: »Humanität geht vor Rationalität« (SCZCESNY 1970: 11/12). Die anthropologischen Fehldeutungen der Neuen Linken gelten nicht als Abweichung von der Marxschen Lehre, sondern als deren Konsequenz. Diese ist da-

* Was für Hannah Arendt anzumerken sein wird, gilt auch für Harich: anti-anthropologisch argumentierend, stützt er sich doch selbst auf anthropologische Prämissen: »Die Dauerhaftigkeit persönlicher, individueller Liebe ist ja an sich kein Übel, sie ist ein dem menschlichen Glücksverlangen konformer kultureller und ethischer Wert ...« (HARICH 1971: 75).

her zu ergänzen – »um jene Einsichten, die auf überraschenden historischen Eruptionen und medizinisch-naturwissenschaftlichen Forschungen beruhen«. Ökologie und Ethologie heißen die neuen Disziplinen, »die unsere Erfahrungen vom Menschen auf eine Weise vertieften und ängstevoller gemacht haben, daß nicht mehr erlaubt ist, so ausschließlich wie Marx das noch getan hat, den Menschen als Produkt aller seiner ökonomischen Zwänge oder Vorteile zu verstehen« (Hochhuth 1970: 131).

Die Ethologen haben den Rückgriff auf die Natur aus antirevolutionärem Impuls genutzt. Heute kann es in der Tat so scheinen, als würden Zoologen, Biologen und Physiologen Gebiete beherrschen, in denen noch vor einiger Zeit Psychologen, Soziologen und Politologen führend waren (Arendt 1970: 59 ff.). Programme, die Soziologie als einen Spezialzweig der Ethologie anzusehen (Waxweiler 1906) werden wieder modern – wie die Suche nach den »biologischen Grundlagen unseres Sozialverhaltens« (Eibl-Eibesfeldt 1967: 431; Wickler 1971: 65). Plötzlich sieht sich die Soziologie, die doch als Oppositionswissenschaft auch gegen die Philosophie als Theologie-Nachfolgerin aufgetreten war, in der Gefahr, den Erklärungsbereich des Sozialverhaltens mit einer biologisch fundierten Theologie teilen oder gar an diese abgeben zu müssen (Eibl-Eibesfeldt 1970: 107 ff.; Wickler 1971: 65; zu Ethologie und Ethik auch Meynell 1970).

Diese Gefahr scheint mir freilich überschätzt zu werden. Es bleibt die Frage, was – über »Vertiefung« und »Angsterzeugung« hinaus (Hochhuth) – die Ethologie tatsächlich zu unserem Verständnis menschlich-gesellschaftlichen Verhaltens beigetragen hat. Versuche, etwa das Besitzstreben, die männlich-weibliche Rollentrennung und das Phänomen der Hierarchie als genetisch fixiert nachzuweisen (Frank 1969) sind über das Stadium der Spekulation nicht hinausgekommen. Die Konstruktion einer direkten Verbindung von der Waldspitzmaus über Berglemming, Waldkaninchen, Präriehund und die Primaten bis hin zum Menschen wirkt eher belustigend als angsterzeugend und wird auch von Ethologen selbst kritisiert (Wickler 1971: 46). Kurzschlüsse dieser Art werden in der ernsthaften Verhaltensforschung nicht gezogen. Die Evolution zum kulturellen, d. h. zum nicht mehr passiv-angepaßten, sondern zum aktiv-anpassenden Verhalten verbietet es, die Reihe von der Maus zum Menschen als Kontinuum zu betrachten.

Mißt man die Ethologie an ihrem eigenen Ziel, aus Verhaltensprogrammen Prognosen über zukünftiges Verhalten zu entwickeln, so kann von einer Annäherung an dieses Ziel keine Rede sein. Diese Konkurrenz hat die Soziologie – auch wenn man ihre augenblickliche Prognosefähigkeit nicht überschätzen sollte – nicht zu fürchten. Die Suche nach den »biologischen Grundlagen unseres Sozialverhaltens« hat zu Ergebnissen geführt wie dem folgenden, »daß einige der komplizierteren menschlichen Ausdrücke auf die Überlagerung weniger Erbkoordinationen zurückzuführen sind, die offenbar nicht kulturbedingt sind« (Eibl-Eibesfeldt 1967: 410). Erkenntnisse dieser Art, Fragen, »ob ein Papua, ein Bantu, ein Japaner oder ein Italiener mit dem Fuß aufstampft«, tragen zum Verständnis gesellschaftlicher Phänomene, vor allem im sozio-ökonomischen Makrobereich, wenig bei.

Auch wenn man die Meinung vertritt, die meisten Forschungsergebnisse der Ethologen verwiesen – gegen die Intention der Forscher selbst – eher auf die tiefen Unterschiede als auf die Ähnlichkeiten zwischen Tier- und Menschengesellschaften (Elias 1970: 114/115), sollte sich eine Kritik an der Ethologie auf deren übersteigerten Relevanzanspruch konzentrieren.

Hannah Arendt hat in ihrem Essay »Macht und Gewalt« (On Violence), der auch eine Abrechnung mit der Neuen Linken darstellt, einen Abschnitt aufgenommen, der sich kritisch mit der Ethologie auseinandersetzt (Arendt 1970: 59 ff.). Was den methodologischen Teil ihrer Kritik angeht, so ist er – wie ich meine zu Recht – von den Ethologen zurückgewiesen worden (Wickler 1971: 38 ff.). Zwar geht es Hannah Arendt in erster Linie um die Aggressionsproblematik, doch gibt es für die Aufnahme dieser Kritik einen tieferen Grund. Wenn sie der Ethologie vorwirft, sie wolle die Menschen von gewissen »Nebenwirkungen des Verstandes« heilen – und zwar, »indem sie unsere Triebe nicht so sehr unter Kontrolle bringen als neu orientieren will, ihnen Ersatzobjekte anbietet und sie in Kompensationsleistungen steuert« (Arendt 1970: 63), so deckt sich diese Kritik durchaus mit Vorwürfen, die Anhänger der Neuen Linken an eine Psychoanalyse der Anpassung ebenso wie an allgemein-anthropologische Programme gerichtet haben. Hannah Arendt kritisiert in der Ethologie nicht schlechthin eine reduktionistische Anthropologie, sondern versucht, sich von der Verhaltensforschung abzusetzen, weil sie selbst sich anthropologisch orientiert. Denn obwohl sie etwa Bertrand de Jouvenel zu Recht vorwirft, Herrschaft letztlich auf einen »Trieb, andere zu unterjochen« zurückzuführen und gegen »Meinungen über die Natur des Menschen« polemisiert, ist sie gezwungen, Macht z. B. als »menschliche Fähigkeit« zu definieren und Gewalttätigkeit als ein »menschliches Phänomen« zu bezeichnen – was notwendigerweise zu der Frage nach der Anthropologie führt, die sich dahinter verbirgt.

Die Ethologie weist zweifellos Forschungsergebnisse auf, die auch für die Sozialwissenschaften vom Menschen von höchstem Interesse sind. Ob sie auch schon Ursachen zu »Konversionen« sein müssen (GEHLEN 1969: 42; dazu LEPENIES 1971: 82 f.), lasse ich dahingestellt. So wenig die Soziologie heute Probleme ihres eigenen Gegenstandsbereichs durch den Rekurs auf ethologische Theoreme zu lösen vermag, so entschieden muß sie die Frage offen lassen, ob ein solcher Rekurs *möglich* ist – ob einige Soziologen ihn nun für *wünschenswert* halten oder nicht.

Zurück zu Marx?

Mit seiner Kritik an den »Determinationslehren« von Marx und Freud hat Ulrich Sonnemann eine Metatheorie anthropologischer Theorien liefern wollen (SONNEMANN 1969). Seine Idee einer »negativen Anthropologie« beruht auf der Überlegung, daß Anthropologien heute nicht mehr an einem »Menschenbild« orientiert sein sollten, da es »die Position, die nur die Menschen selbst werden können, noch nicht gibt« (321). Der Vorschlag zu einer permanenten anthropologischen Revolution (14, 159) nimmt den Begriff einer »experimentellen Anthropologie« (LEPENIES und NOLTE 1970) vorweg. So richtig auch die Aussage Sonnemanns ist, »daß geschichtliche Bewegungsgesetze keinen Aufschluß darüber geben können, wie der Mensch in seine Menschlichkeit komme, ja was diese zu guter Letzt sei ...« (43) und daß »die Entwicklung der Lehre Marxens vorerst an einem unkritischen Begriff von menschlicher Natürlichkeit scheiterte« (91), so zweifelhaft scheint es mir, ob für den Entwurf einer experimentellen Anthropologie der Rückgriff auf Marx ein für alle Male ausgeschlossen sei.

Daß Marx – wie Freud an verschiedenen Stellen – das »Modell« einer experimentellen Anthropologie in der »Deutschen Ideologie« andeutet, haben Helmut Nolte und ich an anderer Stelle ausführlich dargestellt. Marx hatte Stirner gegenüber darauf hingewiesen, die Kommunisten gingen keinesfalls, wie unterstellt, von einer beliebig formbaren Menschennatur und dementsprechend einer historisch beliebig variierbaren Bedürfnisstruktur aus. Sie machten vielmehr nur den Vorschlag, die tatsächliche »Fixität« der Bedürfnisse empirisch zu überprüfen, d. h. nach Veränderungen in der Sozialstruktur zu streben, die als »Ursache« bestimmter Bedürfniskonstellationen, die sich so als »nur« historische Bedürfnislagen herausstellen würden, vermutet werden könnten. Die »fixen« Bedürfnisse aber – wobei Marx Stirner gegenüber zu Recht darauf hinweist, daß Bedürfnisse ohnehin »fix« sind, daß es höchstens darauf ankommt festzustellen, was ein Bedürfnis ist und was nicht – würden sehr wohl auch die Kommunisten ins Kalkül ziehen und nicht utopistisch darüber hinweggehen*.

Wie auch immer man die Relevanz dieser Stelle im Marxschen Œuvre ansehen mag (LEPENIES und NOLTE 1971: 63) – sie erlaubt eine *kritische Einstellung gegenüber der Relevanz anthropologischer Fragestellungen.* Auch anthropologische Aussagen im Gesellschaftsbereich sollten tendenziell empirisch überprüfbar sein. Die eigentliche Schwierigkeit

* Damit ist die von konservativer Seite aus erhobene Forderung unvereinbar, eine wissenschaftlich ernstzunehmende Soziologie müsse »eine universale Kernnatur des Menschen voraussetzen, deren limitierende Konsequenzen für die soziale Umwelt durch keine kulturelle oder politische Gegenforderung aufgehoben werden können« (SCHOECK 1967: 590). Heute kann die Soziologie nur von der *Möglichkeit* einer solchen Kernnatur und ihrer Relevanz für gesellschaftliche Tatbestände ausgehen – dementsprechend sind die »limitierenden Konsequenzen« auch nicht allzu weitreichend anzusetzen. Wer eine Strategie der »Limitierung« vorschlägt, kann sich nicht auf die Ergebnisse der anthropologischen Einzeldisziplinen berufen. Auch dies ist eine Konsequenz der »offenen Anthropologie«, von der wir heute auszugehen haben (PLESSNER 1969): »Erst am Ende der Universalgeschichte wäre zu sagen, was es mit dem Menschen auf sich hat« (HABERMAS 1966/67b: 2).

liegt darin, zu entscheiden, welche »Kosten« das Experiment verursachen darf und wie es nach seinem Erfolg zu beurteilen ist. Lichtenberg hat die französische Revolution »Experimentalpolitik« genannt und Kant hat selbst angesichts der terreur für eine Wiederholung dieses Experiments plädiert. Rivarol aber sprach von einem Experiment, bei dem die Philosophie ihren Prozeß gegen die Politik verliere und de Bonald schließlich nannte die Revolution, »die vollständigste Abhandlung der Politik und experimentellen Moral, die je erschienen ist«, *das* Verbrechen Europas.

Relevanz können anthropologische Aussagen daher nur im Zusammenhang mit einer detaillierten sozio-ökonomischen Analyse der jeweiligen »Gegenwart« gewinnen. Anthropologische Prinzipien politischer Entscheidungen sollten offengelegt, nicht verschwiegen als Entscheidungsgrundlage verwendet werden. Die Frage, ob und welche Aussagen im Bereich der Gesellschaftswissenschaften anthropologisch fundiert werden können oder nicht, kann heute generell nicht beantwortet werden. Es besteht daher aller Grund, ebenso denen zu mißtrauen, die gesellschaftliche Aussagen auf anthropologische reduzieren, wie jenen, die anthropologische Fragen aus dem Bereich der Gesellschaftswissenschaften verbannen wollen. Wer den »neuen Menschen« beschwört, ohne den »alten« zu kennen oder gar Denkverbote erwägt, um eine solche Erkenntnis zu verhindern, verhindert den Fortschritt der Erkenntnis selbst. Aufgabe der Wissenschaft aber ist nicht die Legitimation utopischer Programme, sondern die Kritik der Utopie – um ihrer Verwirklichung willen.

Bibliographie

Actes ...

1961. *Actes du XIe Congrès des Sociétés de Philosophie de Langue Française: La Nature Humaine.* Paris, Presses Universitaires de France

Adler, Max

1964. *Natur und Gesellschaft.* Wien, Europa Verlag

Adorno, Theodor W.

1966. *Negative Dialektik.* Frankfurt a. M., Suhrkamp

1970. *Aufsätze zur Gesellschaftstheorie und Methodologie.* Frankfurt a. M., Suhrkamp

Ahlberg, René (Hg.)

1969. *Soziologie in der Sowjetunion.* Freiburg, Rombach

Albert, Hans

1970. »Politische Theologie im Gewande der Wissenschaft. Zur Kritik der neuen deutschen Ideologie«. In: *Club Voltaire* IV: 17–27. Reinbek b. Hamburg, Rowohlt

Alff, Wilhelm

1963. »Condorcet und die bewußt gewordene Geschichte.« In: Condorcet 1963: 5–25.

Althusser, Louis

1968. *Für Marx.* Frankfurt a. M., Suhrkamp

Althusser, Louis und Etienne Balibar

1968. *Lire le Capital.* Paris, Maspéro

Améry, Jean

1969. »Die Linke und die Toleranz«. In: *Neue Rundschau* CXXX, 2: 226–237.

Archangelski, Leonid M.

1965. *Kategorien der marxistischen Ethik.* Berlin (DDR), Dietz

Arendt, Hannah

1970. *Macht und Gewalt.* München, R. Piper & Co.

Asch, Solomon E.

1952. *Social Psychology.* New York, Prentice Hall

Baczko, Bronisław (Hg.)

1962. *Die Philosophie und Soziologie des zwanzigsten Jahrhunderts* (poln.) Warschau

Balakina, Irina Feodorovna

1967. »Theoretische Probleme des Menschen in der UdSSR«. In: Schwarz 1967, 2: 40–53.

Barth, Hans

1959. »Über die Idee der Selbstentfremdung des Menschen bei Rousseau«. In: *Zeitschrift für philosophische Forschung* XIII: 16–35.

Bastide, Roger
1971. *Anthropologie appliquée.* Paris, Payot
Batalla, Guillermo Bonfil
1966. »Conservative Thought in Applied Anthropology: A Critique«. In: *Human Organization* XXV, 2: 89–92.
Bender, Donald R.
1965. »The Development of French Anthropology«. In: *Journal of the History of the Behavioral Sciences* I, 2: 139–151.
Bennett, John W.
1967. »Comment« zu Thompson 1967. In: *Current Anthropology* VIII, 1–2: 78.
Benot, Yves
1970. *Diderot, de l'athéisme à l'anticolonialisme.* Paris, Maspéro
Berkhofer, Robert
1965. *Salvation and the Savage: An Analysis of Protestant Missions and American Indian Response 1787–1862.* Lexington, University of Kentucky Press
Berreman, Gerald D.
1968. »Is Anthropology Alive? Social Responsibility in Social Anthropology«. In: *Current Anthropology* IX, 5: 391–396.
Bertalanffy, Ludwig v.
1970. *Aber vom Menschen wissen wir nichts.* Düsseldorf, Econ
Bidney, David
1953. *Theoretical Anthropology.* New York, Columbia University Press
Bidney, David (Hg.)
1963. *The Concept of Freedom in Anthropology.* The Hague, Mouton
Binet, Alfred
1908. »Le développement de l'intelligence chez les enfants«. In: *L'Année Psychologique* XIV: 1–94.
Birnbaum, Norman
1968. »The Crisis in Marxist Sociology«. In: *Social Research* XXXV, 2: 348–380.
Bisseret, Noëlle
1970. *Notion d'aptitude et société de classes.* Referat VII. Weltkongreß für Soziologie Varna (Bulgarien), 14.–19. September. Manuskript, 21 S.
Bloch, Bernhard und George Leonard Trager
1942. *Outline of Linguistic Analysis.* Baltimore, Waverly Press
Bloomfield, Leonard
1939. *Linguistic Aspects of Science.* Chicago, The University of Chicago Press

Blumenbach, Johann Friedrich
1811. *Beiträge zur Naturgeschichte*, Erster Teil. Göttingen, Johann Christian Dieterich
1811. *Beiträge zur Naturgeschichte*, Zweiter Teil. Göttingen, Heinrich Dietrich
Boas, Franz
1949. *Race, Language and Culture*. New York, Mac Millan
1962. *Anthropology and Modern Life*. New York, Mac Millan
Boiteau, Pierre
1969. »Propositions pour un travail collectif ›Anthologie des textes sur l'origine de la vie et de l'évolution‹«. Paris, C.E.R.M. (=Centre d'étude et de recherches marxistes). Manuskript, 25 S.
de Bonald, Louis-Gabriel-Ambroise
1859. *Œuvres Complètes*. Paris, J.-P. Migne. 3 Bände
Borkenau, Franz
1934. *Der Übergang vom feudalen zum bürgerlichen Weltbild. Studien zur Geschichte der Philosophie der Manufakturperiode.* Paris, Schriften des Instituts für Sozialforschung, hgg. von Max Horkheimer, Band 4
Born, Karl Erich
1964. »Neue Wege der Wirtschafts- und Sozialgeschichte in Frankreich: Die Historikergruppe der ›Annales‹«. In: *Saeculum* XV: 298–309.
Bowen, Murray
1969. »Die Familie als Bezugsrahmen für die Schizophrenieforschung«. In: *Schizophrenie und Familie*: 181–220. Frankfurt a. M., Suhrkamp
Breitinger, Emil, Joseph Haekel und Richard Pittioni (Hg.)
1961. *Theorie und Praxis der Zusammenarbeit zwischen den anthropologischen Disziplinen*. Horn, Wenner Gren Foundation for Anthropological Research
Brew, John O. (Hg.)
1968. *One Hundred Years of Anthropology*. Cambridge (Mass.), Harvard University Press
Bryan, Alan Lyle
1962. »Towards the Reunification of Anthropology«. In: *Man*, N. 216
Bryson, Gladys
1945. *Man and Society: The Scottish Inquiry of the Eighteenth Century*. Princeton, Princeton University Press
Buffon
1861. *Œuvres choisies*. Paris, Firmin Didot
Burrow, John W.
1966. *Evolution and Society. A Study in Victorian Social Theory*. Cambridge, University Press

Canguilhem, Georges
1970. *Etudes d'histoire et de philosophie des sciences.* Paris, Librairie Philosophique J. Vrin
Carmichael, Leonard
1961. »Absolutes, Relativism, and the Scientific Psychology of Human Nature«. In: Schoeck und Wiggins 1961: 1–22.
Caspari, Ernst
1969. »Genetische Grundlagen des Verhaltens«. In: Roe und Simpson 1969: 36–69.
Chamfort
1881. *Œuvres choisies.* Paris, Librairie de la Bibliothèque Nationale. 3 Bde.
Chomsky, Noam
1959. Rezension zu Skinner 1957. In: *Language* XXXV: 26–58.
1966. *Cartesian Linguistics.* New York, Harper & Row
1969. *Aspekte der Syntax-Theorie.* Frankfurt a. M., Suhrkamp
1970. *Sprache und Geist.* Frankfurt a. M., Suhrkamp
Claessens, Dieter
1966. *Angst, Furcht und gesellschaftlicher Druck und andere Aufsätze.* Dortmund, Fr. Wilh. Ruhfus
1967. *Familie und Wertsystem. Eine Studie zur ›zweiten, soziokulturellen Geburt‹ des Menschen* (1962). Berlin, Duncker & Humblot. 2., überarbeitete Aufl.
1970a. *Instinkt, Psyche, Geltung. Zur Legitimation menschlichen Verhaltens. Eine soziologische Anthropologie* (1968). Köln und Opladen, Westdeutscher Verlag. 2., überarbeitete Aufl.
1970b. *Nova Natura. Anthropologische Grundlagen modernen Denkens.* Düsseldorf-Köln, Diederichs
1971. »Anthropologische Voraussetzungen einer Theorie der Sozialisation«. Manuskript, 32 S.
Claessens, Dieter und Ferdinand W. Menne
1970. »Zur Dynamik der bürgerlichen Familie und ihrer möglichen Alternativen«. In: *Kölner Zeitschrift für Soziologie und Sozialpsychologie*, Sonderheft 14 »Soziologie der Familie«: 169–198.
Clausen, John Adam (Hg.)
1968. *Socialization and Society.* Boston, Little, Brown & Co.
Comte, Auguste
1923. *Soziologie.* Jena, Fischer. 3. Band
Condorcet
1963. *Entwurf einer historischen Darstellung der Fortschritte des menschlichen Geistes (1794),* hgg. von Wilhelm Alff. Frankfurt a. M., Europäische Verlagsanstalt
Cook, James
1955. *The Voyage of the ENDEAVOUR. The Journals of Cap-*

tain James Cook on his voyages of discovery (1768/77), hgg. von J. C. Beaglehole. Cambridge, Hakluyt Society, At the University Press

Copans, Jean

1970/71. »Quelques réflexions«. In: *Les Temps Modernes* XXVII, 293/294: 1179–1193.

Count, Earl W.

1967. »Comment« zu Thompson 1967. In: *Current Anthropology* VIII, 1–2: 79–81.

1970. *Das Biogramm. Anthropologische Studien.* Frankfurt a. M., S. Fischer

Cresswell, Robert

1967. »Ethnologie et sociologie. Problèmes de collaboration«. In: *L'Homme* VII, 1: 72–84.

Current Anthropology

1963. »Anthropology among the disciplines. Three Views«. In: *Current Anthropology* IV, 2: 138–154.

1967. »Comments« zu Marshall 1967 und Thompson 1967. In: *Current Anthropology* VIII, 1–2: 77–91.

1968. »Social Responsibilities Symposium«. In: *Current Anthropology* IX,5: 391–435.

1970. »On the Social Responsibilities Symposium«. In: *Current Anthropology* XI, 1: 72–79.

1971. »Toward an Ethics for Anthropologists«. In: *Current Anthropology* XII, 3: 321–356.

Dahm, Helmut

1970. »Das Ende der ›Evolution wider Willen‹?«. In: *Studies in Soviet Thought* X: 13–34 und 167–203.

Dahrendorf, Ralf

1961. *Über den Ursprung der Ungleichheit unter den Menschen.* Tübingen, J. C. B. Mohr

1963. *Gesellschaft und Freiheit. Zur soziologischen Analyse der Gegenwart.* München, R. Piper & Co.

o. J. *Die Soziologie und der Soziologe – Zur Frage von Theorie und Praxis.* Konstanz, Universitätsverlag GmbH.

Darley, Frederic L. (Hg.)

1967. *Brain Mechanisms Underlying Speech and Language.* New York, Grune & Stratton

Démeunier, Jean-Nicolas

1776. *L.'Esprit des usages et des coutumes des différens peubles, ou Observations tirées des voyageurs et des historiens.* London und Paris, Pissot Librairie. 3 Bände

Dewall, Magdalene V.

1967. »Comment« zu Thompson 1967. In: *Current Anthropology* VIII, 1–2: 81–82.

Diamond, Stanley
1964a. »A Revolutionary Discipline«. In: *Current Anthropology* V, 5: 432–437.
Diamond, Stanley (Hg.)
1964b. *Primitive Views of the World.* New York, Columbia University Press
Diderot
1965. *Nachtrag zu ›Bougainvilles Reise ...‹.* Frankfurt a. M., Insel
1967. *Philosophische Schriften.* Frankfurt a. M., Europäische Verlagsanstalt. 2 Bde.
Dieckmann, Herbert
1965. Nachwort zu Diderot 1965: 73–82.
Diemer, Alwin und Ivo Frenzel (Hg.)
1958. *Fischer-Lexikon »Philosophie«.* Frankfurt a. M.
Dilthey, Wilhelm
1964. *Gesammelte Schriften, II. Band. Weltanschauung und Analyse des Menschen seit Renaissance und Reformation.* Göttingen, Teubner und Vandenhoeck & Ruprecht
Dirks, Walter
1968. »Veränderung der Szene. Das Attentat [auf Rudi Dutschke] und seine Folgen«. In: *Frankfurter Hefte* XIII, 5: 295–298.
Dobzhansky, Theodosius
1956. *The Biological Basis of Human Freedom.* New York, Columbia University Press
1963. »Anthropology and the Natural Sciences – The Problem of Human Evolution«. In: *Current Anthropology* IV, 2: 138, 146–148.
Dreitzel, Hans Peter (Hg.)
1970. *Patterns of Communicative Behavior* (Recent Sociology No. 2). London, Collier-MacMillan Ltd.
Duerr, Hans Peter
1970. »Comment«. In: *Current Anthropology* XI, 1: 72–75.
Duke, James T.
1970. *The Principle of Emergence and Levels of Sociological Analysis.* Paper, Round Table 2. VII. Weltkongreß für Soziologie in Varna (Bulgarien), 14.–19. September. Manuskript, 15 S.
Dunn, Leslie C. und Th. Dobzhansky
1970. *Vererbung, Rasse und Gesellschaft.* Frankfurt a. M., S. Fischer
Durkheim, Emile
1893. *De la division du travail social.* Paris, Presses Universitaires de France

Dziamski, Seweryn
1969. »›Scientisten‹ und ›Anthropologen‹ – Strittige Probleme der gegenwärtigen Richtungen in der marxistischen Philosophie in Polen« (poln.). In: *Czlowiek i światopoglad* (Warschau), 1: 104–120. Deutsch in: Dahm 1970: 176–197.

Edmonson, Munro S.
1969. »A Science of Man and Other Possibilities«. In: Concepts and Assumptions in Contemporary Anthropology. *Southern Anthropological Society Proceedings* 3: 26–38. Athens, University of Georgia Press.

Eggan, Fred
1965. »Some Reflections on Comparative Method in Anthropology«. In: Spiro 1965: 357–372.
1968. »One Hundred Years of Ethnology and Social Anthropology«. In: Brew 1968: 119–149.

Eibl-Eibesfeldt, Irenäus
1967. *Grundriß der vergleichenden Verhaltensforschung. Ethologie.* München, R. Piper & Co.
1970. *Liebe und Haß. Zur Naturgeschichte elementarer Verhaltensweisen.* München, R. Piper & Co.

Eichhorn I, Wolfang u. a.
1969. *Wörterbuch der marxistisch-leninistischen Soziologie.* Köln und Opladen, Westdeutscher Verlag

Elias, Norbert
1969. *Über den Prozeß der Zivilisation. Soziogenetische und psychogenetische Untersuchungen.* Bern und München, Francke. 2., um eine Einleitung vermehrte Auflage, 2 Bde.
1970. *Was ist Soziologie?* München, Juventa

Esquer, Gabriel
1951. *L'anticolonialisme au XVIIIe siècle.* Paris, Presses Universitaires de France

Evans-Pritchard, Edward E.
1951. *Social Anthropology.* London, Cohen and West
1969. »Social Anthropology: Past and Present«. In: Manners und Kaplan 1969: 46–54.

Fabian, Johannes
1971. »On Professional Ethics and Epistemological Foundations«. In: *Current Anthropology* XII, 2: 230–231.

Fairchild, Hoxie Neale
1961. *The Noble Savage. A Study in Romantic Naturalism.* New York, Russell & Russell

Faris, Ellsworth
1937. *The Nature of Human Nature.* New York und London, McGraw-Hill

Ferguson, Adam
1923. *Abhandlung über die Geschichte der bürgerlichen Gesellschaft.* Jena, Gustav Fischer. 2. Aufl.
Fetscher, Iring
1967. »Das Selbst- und Weltverständnis im heutigen Marxismus« In: Schwarz 1967, 2: 87–100.
Feuerbach, Anselm Ritter v.
1832. *Kaspar Hauser. Beispiel eines Verbrechens am Seelenleben des Menschen.* Ansbach, J. M. Dollfuß
Fishman, Joshua A. (Hg.)
1968. *Readings in the Sociology of Language.* The Hague – Paris, Mouton
Flach, Karl-Hermann
1968. »Die Kinderkrankheiten der Linksradikalen«. In: *Die Zeit* vom 5. 1. 1968.
Fleischer, Helmut
1967. *Umrisse einer ›Philosophie des Menschen‹.* Hochschulinformationen der Zentralstelle für Gesamtdeutsche Hochschulfragen. 18. Jhg., Nr. 2
Foote, Nelson N. und Leonard S. Cottrell, Jr.
1955. *Identity and Interpersonal Competence. A New Direction in Family Research.* Chicago, The University of Chicago Press
Foster, George M.
1969. *Applied Anthropology.* Boston, Little, Brown & Co.
1971. Diskussionsbeitrag. In: *New York Review of Books* 1971
Foucault, Michel
1962. *Naissance de la clinique.* Paris, Presses Universitaires de France
1968. *Psychologie und Geisteskrankheit.* Frankfurt a. M., Suhrkamp
1969. *Wahnsinn und Gesellschaft. Eine Geschichte des Wahns im Zeitalter der Vernunft.* Frankfurt a. M., Suhrkamp
Frank, Fritz
1969. *APO und Establishment aus biologischer Sicht.* Oldenburg und Hamburg, Stalling
Frank, Lawrence K.
1951. *Nature and Human Nature. Man's New Image of Himself.* New Brunswick (N. J.), Rutgers University Press
Friedenthal, Richard
1969. *Entdecker des Ich. Montaigne, Pascal, Diderot.* München, R. Piper & Co.
Fromm, Erich
1966. »The Application of Humanist Psychoanalysis to Marx's Theory«. In: *Socialist Humanism. An International Symposium,* hgg. von Erich Fromm. New York, Anchor Books: 228–245.

1969. »Marx's Contribution to the Knowledge of Man«. In: *Publications ...* 1969: 454–464. Deutsch: »Marx' Beitrag zur Wissenschaft vom Menschen«. In: Fromm 1970: 145–161.
1970. *Analytische Sozialpsychologie und Gesellschaftstheorie.* Frankfurt a. M., Suhrkamp

Galton, Francis
1910. *Genie und Vererbung.* Leipzig, Klinkhardt
Gehlen, Arnold
1959. »Soziologie als Verhaltensforschung«. In: *Zeitschrift für die gesamte Staatswissenschaft* 115: 1–12.
1961. *Anthropologische Forschung. Zur Selbstbegegnung und Selbstentdeckung des Menschen.* Reinbek b. Hamburg, Rowohlt
1963. *Studien zur Anthropologie und Soziologie.* Neuwied und Berlin, Luchterhand
1965. *Theorie der Willensfreiheit und frühe philosophische Schriften.* Neuwied und Berlin, Luchterhand
1966. *Der Mensch. Seine Natur und seine Stellung in der Welt.* Frankfurt a. M. – Bonn, Athenäum. 8. Aufl.
1968. »Ein anthropologisches Modell«. In: *The Human Context* I, 1: 1–10.
1969. *Moral und Hypermoral. Eine pluralistische Ethik.* Frankfurt a. M. – Bonn, Athenäum
Gjessing, Gutorm
1968. »The Social Responsibility of the Social Scientist«. In: *Current Anthropology* IX, 5: 397–402.
Gladwin, T. und W. C. Sturtevant (Hg.)
1962. *Anthropology and Human Behavior.* Washington, The Anthropological Society of Washington
Gluckman, Max
1969. »The Difficulties, Achievements, and Limitations of Social Anthropology«. In: Manners und Kaplan 1969: 31–45.
Gluckman, Max (Ed.)
1964. *Closed Systems and Open Minds: The Limits of Naïvety in Social Anthropology.* Edinburgh und London, Oliver & Boyd
Göhring, Heinz
1967. »Generative Grammatik und Kulturanthropologie«. In: *Anthropos* LXII: 802–814.
Goldmann, Lucien
1945. *Mensch, Gemeinschaft und Welt in der Philosophie Immanuel Kants.* Zürich, Europa Verlag
Gonnard, René
1946. *La légende du bon sauvage. Contribution à l'étude des origines du socialisme.* Paris, Librairie de Medicis

Gough, Kathleen
1968. »New Proposals for Anthropologists«. In: *Current Anthropology* IX, 5: 403–407.
Guiart, Jean
1971. *Clefs pour l'ethnologie*. Paris, Editions Seghers
Gusdorf, Georges
1960. *Introduction aux sciences humaines. Essai critique sur leurs origines et leur développement*. Paris, Publications de la Faculté des Lettres de l'Université de Strasbourg

Habermas, Jürgen
1958. Art. »Anthropologie«. In: *Fischer-Lexikon Philosophie*: 18–35.
1961. »Pädagogischer ›Optimismus‹ vor Gericht einer pessimistischen Anthropologie. Schelskys Bedenken zur Schulreform«. In: *Neue Sammlung* I: 251–278.
1966/67a. *Probleme einer philosophischen Anthropologie*. Manuskript, hektographiert
1966/67b. *Philosophische Anthropologie, Vorlesung*. Manuskript, masch., 35 S.
1967. *Theorie und Praxis. Sozialphilosophische Studien*. Neuwied und Berlin, Luchterhand. 2. Aufl.
1968a. *Theorie der Sozialisation*. Vorlesungsskript, 50 S.
1968b. *Erkenntnis und Interesse*. Frankfurt a. M., Suhrkamp
1968c. *Technik und Wissenschaft als ›Ideologie‹*. Frankfurt a. M., Suhrkamp
1970a. »Nachgeahmte Substanzialität. Eine Auseinandersetzung mit Arnold Gehlens Ethik«. In: *Merkur* XXIV, 4: 313–327.
1970b. »Toward A Theory of Communicative Competence«. In: Dreitzel 1970: 114–148.
1971. »Vorbereitende Bemerkungen zu einer Theorie der kommunikativen Kompetenz«. In: Habermas/Luhmann: *Theorie der Gesellschaft oder Sozialtechnologie*: 101–141. Frankfurt a. M., Suhrkamp
Hahn, Manfred
1970. *Präsozialismus: Claude-Henri de Saint-Simon. Ein Bericht*. Stuttgart, J. B. Metzlersche Verlagsbuchhandlung
Haldane, John B. S.
1956. »The Argument from Animals to Men: An Examination of its Validity for Anthropology«. In: *Journal of the Royal Anthropological Institute* LXXXVI: 1–14.
Hallowell, Irving A.
1965. »The History of Anthropology as an Anthropological Problem«. In: *Journal of the History of the Behavioral Sciences* I, 1: 24–38.

Harich, Wolfgang

1971. *Zur Kritik der revolutionären Ungeduld. Eine Abrechnung mit dem alten und dem neuen Anarchismus.* Basel, edition etcetera

Harris, Marvin

1968. *The Rise of Anthropological Theory. A History of Theories of Culture.* London, Routledge & Kegan Paul

1971. *Culture, Man, and Nature: An Introduction to General Anthropology.* New York, Crowell

Hartig, Matthias und Ursula Kurz

1971. *Sprache als soziale Kontrolle. Neue Ansätze zur Soziolinguistik.* Frankfurt a. M., Suhrkamp

Hazard, Paul

1939. *Die Krise des europäischen Geistes.* Hamburg, Hoffmann & Campe

Heberer, Gerhard (Hg.)

1959. *Fischer-Lexikon »Anthropologie«.* Frankfurt a. M.

Heine-Geldern, Robert

1964. »One Hundred Years of Ethnological Theory in the German-Speaking Countries: Some Milestones«. In: *Current Anthropology* V, 5: 407–418.

Herskovits, Melville J.

1947. »Statement on Human Rights«. In: *American Anthropologist* XLIX: 539–543.

1948. *Man and His Works. The Science of Cultural Anthropology.* New York, A. A. Knopf

1965. »A Genealogy of Ethnological Theory«. In: Spiro 1965: 403–415.

Hill, Reuben

1970. »Gegenwärtige Entwicklungen der Familientheorie und ihre konzeptionellen Probleme«. In: *Kölner Zeitschrift für Soziologie und Sozialpsychologie*, Sonderheft 14 »Soziologie der Familie«: 68–93.

Hinske, Norbert

1966. »Kants Idee der Anthropologie«. In: *Die Frage nach dem Menschen. Aufriß einer philosophischen Anthropologie:* 410–427. Freiburg-München, Karl Alber

Hinz, Manfred O.

1971. »Kritik der regionalistisch halbierten Vernunft«. In: *Sociologus* XXI, 1: 3–20.

Histoire

1747. *Histoire Générale des Voyages.* Dresden, Georg Conrad Walther. 1. Band

Hochhuth, Rolf
1970. »Der alte Mythos vom ›neuen‹ Menschen. Eine Kritik an Herbert Marcuse«. In: *Club Voltaire* IV: 112–144. Reinbek b. Hamburg, Rowohlt

Hodgen, Margaret Trabue
1964. *Early Anthropology in the Sixteenth and Seventeenth Centuries*. Philadelphia, University of Pennsylvania Press

Hoebel, Edward A.
1960. »William Robertson: An Eighteenth Century Anthropologist-Historian«. In: *American Anthropologist* LXII: 648–655.

Hoijer, Harry (Hg.)
1954. *Language in Culture. Conference on the Interrelations of Language and Other Aspects of Culture*. Chicago-London, The University of Chicago Press

Horlemann, Jürgen
1968. *Modelle der kolonialen Konterrevolution. Beschreibung und Dokumente*. Frankfurt a. M., Suhrkamp

Horowitz, Irving L.
1967. *The Rise and Fall of Project Camelot. Studies in the Relationship between Social Science and Practical Politics*. Cambridge (Mass.), M. I. T. Press

Hsu, Francis L. K. (Hg.)
1961. *Psychological Anthropology. Approaches to Culture and Personality*. Homewood (Ill.), The Dorsey Press
1964. »Rethinking the Concept ›Primitive‹«. In: *Current Anthropology* V, 3: 169–178.

Hubert, René
1923. *Les sciences sociales dans l'Encyclopédie. La philosophie de l'histoire et le problème des origines sociales*. Paris, Félix Alcan

Hughes, H. Stuart
1963. »History, the Humanities, and Anthropological Change«. In: *Current Anthropology* IV, 2: 140–145.

Huntington, Samuel P.
1957. »Conservatism as an Ideology«. In: *The American Political Science Review* LI, 2: 454–473.

Ingleby, David
1970. »Ideology and the Human Sciences: Some Comments on the Role of Reification in Psychology and Psychiatry«. In: *The Human Context* II, 2: 159–187.

Jameson, Russel P.
1911. *Montesquieu et l'esclavage. Etude sur les origines de l'opinion antiesclavagiste en France au XVIIIe siècle*. Paris, Machette

Janne, Henri und Marcel Bolle de Bal
1969. »Image de l'homme et sciences de l'homme«. In *Image de l'homme et sociologie contemporaine:* 13–25. Bruxelles, Editions de l'Institut de Sociologie
Janowitz, Morris
1963. »Anthropology and the Social Sciences«. In: *Current Anthropology* IV, 2: 139, 149–154.
Jarvie, Ian C.
1964. *The Revolution in Anthropology.* London, Routledge & Kegan Paul
Jones, Delmos J.
1971. »Social Responsibility and the Belief in Basic Research: An Example from Thailand«. In: *Current Anthropology* XII, 3: 347–350.
Jorgensen, Joseph G.
1971. »On Ethics and Anthropology« In: *Current Anthropology* XII, 3: 321–334.

Kaestner, Heinrich
1960. »Lichtenberg und unsere Zeit. Marginalien zu einer amerikanischen Auswahl aus Lichtenbergs Schriften«. In: *Ratio* III: 155–158.
Kammler, Hans
1968. »Zur anthropologischen Fundierung der Theorie der Institutionen«. In: *Politische Vierteljahresschrift* IX: 353–371.
Kampffmeyer, Paul
1891. *Ist der Sozialismus mit der menschlichen Natur vereinbar?* Berlin, Berliner Arbeiterbibliothek III, 1
Kangrga, Milan
1970. »Ethik und Freiheit«. In: *Praxis* 3/4: 469–557.
Kant, Immanuel
1964. *Kleinere Schriften zur Geschichtsphilosophie, Ethik und Politik.* Hamburg, Meiner
1968. *Werke.* (= Weischedel 1968)
Kaplan, Bert (Hg.)
1961. *Studying Personality Cross-Culturally.* New York, Harper & Row
Kapp, William K.
1961. *Toward A Science of Man in Society.* The Hague, Martinus Nijhoff
Kardiner, Abram
1945. »The Concept of Basic Personality Structure as an Operational Tool in the Social Sciences«. In: Linton 1945: 107–122.

Kardiner, Abram und Ralph Linton (Hg.)
1939. The Individual and His Society. New York, Columbia University Press
Katz, Jerrold J.
1969. *Philosophie der Sprache*. Frankfurt a. M., Suhrkamp
Keesing, Felix M.
1945. »Applied Anthropology in Colonial Administration«. In: Linton 1945: 373–398.
Keiter, Friedrich
1966. *Verhaltensbiologie des Menschen auf kulturanthropologischer Grundlage*. München-Basel, Ernst Reinhardt
Keiter, Friedrich (Hg.)
1969. *Verhaltensforschung im Rahmen der Wissenschaften vom Menschen*. Göttingen, Musterschmidt
Kirk, Russell
1968. »Prospects for a Conservative Bent in the Human Sciences«. In: *Social Research* XXV, 4: 580–592.
Klages, Helmut
1964. *Technischer Humanismus. Philosophie und Soziologie der Arbeit bei Karl Marx*. Stuttgart, Enke
Kluckhohn, Clyde
1961. *Anthropology and the Classics*. Providence, Brown University Press
Kluckhohn, Clyde und H. A. Murray
1953. *Personality in Nature, Society and Culture*. New York, Alfred Knopf
Koestler, Arthur und J. R. Smythies (Hg.)
1969. *Beyond Reductionism*. London, Hutchinson
Kofler, Leo
1967. *Der asketische Eros*. Wien, Europa Verlag
1968. *Perspektiven des revolutionären Humanismus*. Reinbek b. Hamburg, Rowohlt
1970. *Marxistische Staatstheorie* (= Staat, Gesellschaft und Elite zwischen Humanismus und Nihilismus). Ulm, A. J. Schotola
König, René (Hg.)
1967. *Fischer-Lexikon »Soziologie«*. Frankfurt a. M. Umgearbeitete und erweiterte Neuausgabe.
Koselleck, Reinhart
1969. *Kritik und Krise. Ein Beitrag zur Pathogenese der bürgerlichen Welt* (1959). Freiburg-München, Karl Alber. 2. Aufl.
1971. »Wozu noch Historie?« Vortrag vor dem deutschen Historikertag. Manuskript, 19 S.
Koszyk, Kurt und Karl Hugo Pruys
1969. *dtv-Wörterbuch zur Publizistik*. München, Deutscher Taschenbuchverlag

Kroeber, Alfred L.
1948. *Anthropology.* New York, Harcourt, Brace & Co. Rev. Edition
1952. *The Nature of Culture.* Chicago, The University of Chicago Press
Kroeber, Alfred L. (Hg.)
1953. *Anthropology Today.* Chicago, The University of Chicago Press
Krüger, Lorenz
1970. »Über das Verhältnis der hermeneutischen Philosophie zu den Wissenschaften«. In: *Hermeneutik und Dialektik* I: 3–30.
Kuhn, Thomas S.
1967. *Die Struktur wissenschaftlicher Revolutionen.* Frankfurt a. M., Suhrkamp

La Fontainerie, François de (Hg.)
1932. *French Liberalism and Education in the Eighteenth Century. The Writings of La Chalotais, Turgot, Diderot and Condorcet on National Education.* London, McGraw-Hill
Landar, Herbert
1966. *Language and Culture.* New York, Oxford University Press
Landmann, Michael u. a.
1962. *De Homine. Der Mensch im Spiegel seines Gedankens.* Freiburg-München, Karl Alber
Lanzmann, Claude
1955. »L'homme de gauche«. In: *Les Temps Modernes* X, 112/113: 1626–1658.
Lefebvre, Henri
1965. *Probleme des Marxismus, heute.* Frankfurt a. M., Suhrkamp
1966. *Der dialektische Materialismus.* Frankfurt a. M., Suhrkamp
Leguebe, André
1963. »L'évolution des principes de classification en anthropologie«. In: *La Classification dans les sciences:* 117–133. Gembloux, Editions J. Duculot S. A.
Leibbrand, Werner
1956. *Die spekulative Medizin der Romantik.* Hamburg, Claassen
Lemay, Edna
1970. »Naissance de l'anthropologie sociale en France. Jean-Nicolas Démeunier et l'étude des usages et coutumes au XVIIIe siècle«. In: *Dix-Huitième Siècle* II: 147–160.

Lenneberg, Eric H. (Hg.)
1967a. *New Directions in the Study of Language.* Cambridge (Mass.), M.I.T. Press. Second Paperback Printing
1967b. *Biological Foundations of Language.* New York, John Wiley & Sons. Deutsch: *Die biologischen Grundlagen der Sprache.* Frankfurt a. M., Suhrkamp, 1971

Lepenies, Wolf
1969. *Melancholie und Gesellschaft.* Frankfurt a. M., Suhrkamp
1970. »Lévi-Strauss und die strukturalistische Marx-Lektüre«. In: Lepenies und Ritter 1970: 160–224.
1971. »Anthropologie und Gesellschaftskritik. Zur Kontroverse Gehlen-Habermas«. In: Lepenies und Nolte 1971: 77–102.

Lepenies, Wolf und Helmut Nolte
1970. »Experimentelle Anthropologie und emanzipatorische Praxis. Überlegungen zu Marx und Freud«. In: *Archiv für Rechts- und Sozialphilosophie* LVI, 1: 61–121. Überarbeitet und ergänzt in Lepenies und Nolte 1971: 9–76.
1971. *Kritik der Anthropologie.* München, Carl Hanser

Lepenies, Wolf und Hanns Henning Ritter (Hg.)
1970. *Orte des Wilden Denkens. Zur Anthropologie von Claude Lévi-Strauss.* Frankfurt a. M., Suhrkamp

Lesser, G. S., G. Fifer und D. H. Clark
1965. »Abilities from Children from Different Social Class and Cultural Groups«. *Monographs of Society for Research in Child Development* XX, 4

Les Temps Modernes
1970/71. »Anthropologie et impérialisme«. In: *Les Temps Modernes* XXVII, 293/294: 1061–1201; 299/300: 2345–2407.

Lévi-Strauss, Claude
1945. »French Sociology«. In: *Twentieth Century Sociology:* 503–537. New York, The Philosophical Library
1949. *Les structures élémentaires de la parenté.* Paris, Presses Universitaires de France
1952. *Race et histoire.* Paris, Unesco
1955. *Tristes Tropiques.* Paris, Plon
1960. *Traurige Tropen.* Köln, Kiepenheuer und Witsch
1966. »Critères scientifiques dans les disciplines sociales et humaines«. In: *Aletheia* 4: 189–212.
1967. *Strukturale Anthropologie.* Frankfurt a. M., Suhrkamp
1968. *Das Wilde Denken.* Frankfurt a. M., Suhrkamp

Lewis, Ioan M. (Hg.)
1970. *History and Social Anthropology.* London, Tavistock Publications. A. S. A. Monograph 7

Linton, Ralph (Hg.)
1945. *The Science of Man in the World Crisis.* New York, Columbia University Press

Lorenzer, Alfred u. a.
1971. *Psychoanalyse als Sozialwissenschaft.* Frankfurt a. M., Suhrkamp

Lowy, Michael
1970. »L'humanisme historiciste de Marx ou relire le capital«. In: *L'homme et la société* 17: 111–125.

Lucas, Erhard
1964a. »Die Rezeption Lewis H. Morgans durch Marx und Engels«. In: *Saeculum* XV: 153–176.
1964b. »Marx' Studien zur Frühgeschichte und Ethnologie 1880–1882. Nach unveröffentlichten Exzerpten« In: *Saeculum* XV: 327–343.

Machovec, Milan
1971. *Vom Sinn des menschlichen Lebens.* Freiburg, Rombach

MacPherson, Crawford B.
1967. *Die politische Theorie des Besitzindividualismus. Von Hobbes bis Locke.* Frankfurt a. M., Suhrkamp

Macquet, Jacques J.
1958/59. »Le relativisme culturel« In: *Présence Africaine* XXII: 63–75 und XXIII: 59–68
1962. »Some Anthropological Contributions to the Sociology of Knowledge«. In: *Social Scientific Information* I, 3: 5–20.
1964. »Objectivity in Anthropology«. In: *Current Anthropology* V, 1: 47–55.

Malson, Lucien
1964. *Les enfants sauvages. Mythe et réalité.* Paris, Union Génerale d'Editions

Mandel, Ernest
1970. »Althusser corrects Marx«. In: *International Socialist Review* XXXI, 5: 7–9 und 45–49.

Manners, Robert A. und David Kaplan (Hg.)
1969. *Theory in Anthropology. A Sourcebook.* London, Routledge & Kegan Paul

Mannheim, Karl
1964. »Das konservative Denken. Soziologische Beiträge zum Werden des politisch-historischen Denkens in Deutschland«. In: *Wissenssoziologie,* hgg. von Kurt H. Wolff: 408–508. Berlin und Neuwied, Luchterhand

Mannoni, O.
1965. »Itard et son sauvage«. In: *Les Temps Modernes* XXI, 233: 647–663.
Manuel, Frank E.
1959. *The Eighteenth Century Confronts the Gods.* Cambridge (Mass.), Harvard University Press
Marcuse, Herbert
1965. *Triebstruktur und Gesellschaft. Ein philosophischer Beitrag zu Sigmund Freud.* Frankfurt a. M., Suhrkamp
1967. *Das Ende der Utopie.* Berlin, v. Maikowski
1970. *Der eindimensionale Mensch. Studien zur Ideologie der fortgeschrittenen Industriegesellschaft.* Neuwied und Berlin, Luchterhand
Markus, György
1969. »Les œuvres de jeunesse de Marx et les sciences sociales contemporaines«. In: *Publications* ... 1969: 582–612.
Marquard, Odo
1965. »Zur Geschichte des philosophischen Begriffs ›Anthropologie‹ seit dem Ende des achtzehnten Jahrhunderts«. In: *Collegium Philosophicum.* Studien Joachim Ritter zum 60. Geburtstag: 209–239. Basel und Stuttgart, Schwabe & Co.
Marshall, Donald Stanley
1967. »General Anthropology. Strategy for a Human Science«. In: *Current Anthropology* VIII, 1–2: 61–66.
Marx, Karl und Friedrich Engels
1962. *Die deutsche Ideologie* (1845/46). In: Marx-Engels Werke 3: 9–530. Berlin (DDR), Dietz
Mauss, Marcel
1929. »Les Civilisations. Eléments et formes«. In: *Civilisation. Le mot et l'idée.* Paris, La Renaissance du livre
1966. *Sociologie et anthropologie.* Paris, Presses Universitaires de France
Mautner, Franz H.
1968. *Lichtenberg. Geschichte seines Geistes.* Berlin, de Gruyter & Co.
Mayer, Philip (Hg.)
1970. *Socialization. The Approach from Social Anthropology.* London, Tavistock Publications. A. S. A. Monograph 8
Mercier, Paul
1966. *Histoire de l'anthropologie.* Paris, Presses Universitaires de France
Merle, Marcel
1969. *L'anticolonialisme européen de Las Casas à Marx.* Paris, Armand Colin

Merleau-Ponty, Maurice
1953. *Eloge de la philosophie.* Paris, Gallimard
Métraux, Alfred
1963. »Les précurseurs de l'ethnologie en France du XVIe au XVIIIe siècle«. In: *Cahiers d'histoire mondiale* VII, 3: 721–738.
Meynell, Hugo
1970. »Ethology and Ethics«. In: *Philosophy* XLV, 174: 290–305.
Michel, Karl Markus
1969. »Herrschaftsfreie Institutionen? Sieben Thesen über die Unmöglichkeit des Möglichen«. In: *Kursbuch* 19: 163–195.
Misch, Georg
1969. *Zur Entstehung des französischen Positivismus.* Darmstadt, Wiss. Buchgesellschaft. Neudruck, 2. Aufl.
Mitscherlich, Alexander (Hg.)
1969. *Das beschädigte Leben. Diagnose und Therapie in einer Welt unabsehbarer Veränderungen.* München, R. Piper & Co.
Monod, Jacques
1969. »From Molecular Biology to the Ethics of Knowledge« In: *The Human Context* I, 4: 325–336.
1970. *Le hasard et la nécessité.* Essai sur la philosophie naturelle de la biologie moderne. Paris, Editions du Seuil
Monod, Jean
1970/71. »Un riche cannibale. Ethno-Récit«. In: *Les Temps Modernes* XXVII, 293/294: 1061–1120.
Montagu, M. F. Ashley
1957. *Anthropology and Human Nature.* Boston, Porter Sargent Publisher
Montagu, M. F. Ashley (Hg.)
1968. *Culture. Man's Adaptive Dimension.* London, Oxford University Press
Moore, Frank W. (Hg.)
1961. *Readings in Cross-Cultural Methodology.* New Haven, Human Relations Area Files
Moravia, Sergio
1970. *La scienza dell'uomo nel settecento.* Bari, Editori Laterza
Morazé, Charles
1957. *Les bourgeois conquérants.* Paris, Armand Colin
Moscovici, Serge
1968. *Essai sur l'histoire humaine de la nature.* Paris, Flammarion
Mühlmann, Wilhelm Emil
1950. »Person und Kollektiv in anthropologisch-soziologischer Sicht«. In: Wiese und Specht 1950: 15–23.
1951. »Die Idee einer zusammenfassenden Anthropologie«. In:

Soziologische Forschung in unserer Zeit«: 83–93. Köln und Opladen, Westdeutscher Verlag
1962. *Homo Creator. Abhandlungen zur Soziologie, Anthropologie und Ethnologie.* Wiesbaden, Otto Harrassowitz
1964. *Rassen, Ethnien, Kulturen. Moderne Ethnologie.* Neuwied und Berlin, Luchterhand
1968. *Geschichte der Anthropologie.* Frankfurt a. M.–Bonn, Athenäum. 2., verb. und erweiterte Aufl.
Mühlmann, Wilhelm Emil und Ernst W. Müller (Hg.)
1966. *Kulturanthropologie.* Köln-Berlin, Kiepenheuer und Witsch
Muensterberger, Warner (Hg.)
1969. *Man and his Culture: Psychoanalytic Anthropology after ›Totem and Taboo‹.* London, Rapp and Whiting
Murdock, George Peter
1945. »The Common Denominator of Culture«. In: Linton 1945: 123–142.
1949. *Social Structure.* New York, MacMillan

Naville, Pierre
1967. *D'Holbach et la philosophie scientifique au XVIIIe siècle.* Paris, Gallimard. Nouvelle éd., revue et augmentée
New York Review of Books
1971. »Anthropology on the Warpath: An Exchange«. In: *The New York Review of Books* XVI, 6: 43–46
Nietzsche, Friedrich
1967. »Menschliches, Allzumenschliches. Ein Buch für freie Geister«. In: *Werke in zwei Bänden* I: 231–479. München, Carl Hanser
Nipperdey, Thomas
1967. »Bemerkungen zum Problem einer historischen Anthropologie«. In: *Die Philosophie und die Wissenschaften:* 350–370. Meisenheim, Anton Hain
1968. »Kulturgeschichte, Sozialgeschichte, historische Anthropologie«. In: *Vierteljahresschrift für Sozial- und Wirtschaftsgeschichte* LXV: 145–164.
Nobis, Heribert M.
1967. »Frühneuzeitliche Verständnisweisen der Natur und ihr Wandel bis zum 18. Jahrhundert«. In: *Archiv für Begriffsgeschichte* XI: 37–58.
Nolte, Helmut
1968. *Bestimmungsfaktoren menschlichen Verhaltens aus der Sicht einer soziologischen Anthropologie.* Protokoll der Evgl. Akademie Rheinland

1970. *Psychoanalyse und Soziologie. Die Systemtheorien Sigmund Freuds und Talcott Parsons'*. Bern-Stuttgart, Hans Huber
1971. »Über gesellschaftstheoretische Implikationen des Aggressionsbegriffs«. In: Lepenies und Nolte 1971: 103–140.
Northrop, Filmer S. C.
1960. *Philosophical Anthropology and Practical Politics*. New York, MacMillan
Northrop, F. S. C. und Helen H. Livingston
1964. *Cross-Cultural Understanding: Epistemology in Anthropology*. New York, Harper & Row

Pastore, Nicholas
1949. *The Nature-Nurture Controversy*. New York, Columbia University Press
Pearce, Roy H.
1953. *The Savages of America. A Study of the Indian and the Idea of Civilization*. Baltimore, Johns Hopkins Press
Penniman, Thomas K.
1965. *A Hundred Years of Anthropology*. New York, Humanities Press. 3. Aufl.
Piaget, Jean
1969. »The Problem of Common Mechanisms in the Human Sciences«. In: *The Human Context* I, 2–3: 163–185.
Piéron, Henri
1967. *L'homme, rien que l'homme. De l'anthropogenèse à l'hominisation*. Paris, Presses Universitaires de France
Platt, John R. (Hg.)
1971. *New Views of the Nature of Man*. Chicago, The University of Chicago Press
Plessner, Helmuth
1969. »Selbstentfremdung, ein anthropologisches Theorem?« In: *Philosophische Perspektiven* I: 176–183. Frankfurt a. M., Vittorio Klostermann
Popper, Karl R.
1969. »Die Logik der Sozialwissenschaften«. In: *Der Positivismusstreit in der deutschen Soziologie:* 103–123. Neuwied und Berlin, Luchterhand
Pouillon, Jean
1970/71. »L'Ethnologie, pourquoi faire?« In: *Les Temps Modernes* XXVII, 293/294: 1194–1201
1971. »Traditions in French Anthropology«, in: *Social Research* XXXVIII, 1: 73–92.

Prenant, Marcel
1948. *Biologie et marxisme*. Paris, Editions ›Hier et aujourd'hui‹. 2. Aufl.
Price-Williams, D. R. (Hg.)
1969. *Cross-Cultural Studies. Selected Readings*. London, Penguin Books
Publications ...
1969. Marx and Contemporary Scientific Thought. *Publications of the International Social Science Council*. The Hague-Paris, Mouton
Quételet, Adolphe
1835. *Sur l'homme et le développement des ses facultés ou essai de physique sociale*. Paris, Bachelier. 2 Bände
1871. *Anthropométrie ou mesure des différentes facultés de l'homme*. Bruxelles, C. Muquardt

Radcliffe-Brown, Alfred R.
1957. *A Natural Science of Society*. Glencoe, The Free Press
Redfield, Robert
1953. *The Primitive World and its Transformations*. Ithaca (N. Y.), Cornell University Press
1962. *Human Nature and the Study of Society*. Chicago, The University of Chicago Press. 1. Band
Ribeiro, Darcy
1968. *The Civilizational Process*. Washington D. C., Smithsonian Institution. Deutsch: *Der zivilisatorische Prozeß*. Frankfurt a. M., Suhrkamp, 1971
1970. »The Culture-Historical Configurations of the American Peoples«. In: *Current Anthropology* XI, 4–5: 403–434.
Ribot, Théodule
1902. *L'hérédité psychologique*. Paris, Félix Alcan. 7. Aufl.
Ritter, Hanns Henning
1970. »Claude Lévi-Strauss als Leser Rousseaus. Exkurse zu einer Quelle ethnologischer Reflexion«. In: Lepenies und Ritter 1970: 113–159.
Ritter, Joachim
1933. *Über den Sinn und die Grenze der Lehre vom Menschen*. Potsdam, Alfred Protte
Ritter, Horst und Wolfgang Engel
1970. »Genetik und Begabung«. In: Roth 1970: 99–128.
Rivarol
1956. *Ecrits politiques et littéraires*. Paris, Bernard Grasset
1964. *Journal Politique National et autres textes*. Paris, Union Générale d'Editions

Roe, Anne und George G. Simpson (Hg.)
1969. *Evolution und Verhalten.* Frankfurt a. M., Suhrkamp
Roth, Heinrich
1966/71. *Pädagogische Anthropologie.* Hannover, Schroedel. 2 Bde.
Roth, Heinrich (Hg.)
1970. *Begabung und Lernen.* Stuttgart, Klett. 5. Auflage
Rousseau, Jean-Jacques
1817. *Essai sur l'origine des langues.* Paris, A. Belin
1955a. *Schriften zur Kulturkritik.* Hamburg, Meiner
1955b. *Über den Ursprung und die Grundlagen der Ungleichheit unter den Menschen.* Berlin (DDR), Aufbau Verlag
1963. *Der Gesellschaftsvertrag – Contrat Social.* Stuttgart, Reclam
Roux, René
1951. »La révolution française et l'idée de lutte des classes«. In: *Revue d'histoire économique et sociale* XXIX: 252–279.
Rowe, John Howland
1965. »The Renaissance Foundations of Anthropology«. In: *American Anthropologist* LXVII: 1–20.
Rudolph, Wolfgang
1959. *Die amerikanische ›Cultural Anthropology‹ und das Wertproblem.* Berlin, Duncker & Humblot
1968. *Der kulturelle Relativismus. Kritische Analyse einer Grundsatzfragen-Diskussion in der amerikanischen Ethnologie.* Berlin, Duncker & Humblot
Rumjancev, A. M. und G. V. Osipov
1968. »Marxistische Soziologie und konkrete soziale Forschung«. In: *Voprosy filosofii* VI: 3–13. Nach Ahlberg 1969: 51–68.
De Sade
1962. »Aline und Valcour«. In: *Ausgewählte Werke* II: 61–699. Hamburg, Merlin
Safilios-Rothschild, Constantina
1970. »Einige konzeptuelle und methodologische Probleme der interkulturell vergleichenden Familiensoziologie«. In: *Kölner Zeitschrift für Soziologie und Sozialpsychologie,* Sonderheft 14 »Soziologie der Familie«: 219–238.
Saint-Just
1946. *Œuvres.* Paris, Editions de la Cité Universelle
Saint-Simon, Claude Henri de
1964. »Mémoire sur la science de l'homme«. In: *Œuvres de Saint-Simon.* Neudruck Aalen, Band 10: 197–313.
Sandkühler, Hans Jörg
1970. »Kant, neukantianischer Sozialismus, Revisionismus. Zur

Entstehung der Ideologie des demokratischen Sozialismus«. In: Sandkühler und de la Vega 1970: 7–44.
Sandkühler, Hans Jörg und Rafael de la Vega (Hg.)
1970. *Marxismus und Ethik. Texte zum neukantianischen Sozialismus.* Frankfurt a. M., Suhrkamp
Sapir, Edward
1961. *Die Sprache. Eine Einführung in das Wesen der Sprache.* München, Max Hueber
Sarano, Jacques
1968. *Homme et sciences de l'homme.* Paris, Editions de l'Epi
Sartre, Jean-Paul
1964. *Marxismus und Existentialismus.* Reinbek b. Hamburg, Rowohlt
Segall, Marshall H., Donald P. Campbell und Melville J. Herskovits
1968. *The Influence of Culture on Visual Perception.* Indianapolis, Bobbs-Merrill
Sève, Lucien
1969. *Marxisme et théorie de la personnalité.* Paris, Editions Sociales
Shapiro, H. L.
1964. »Anthropology and the Age of Discovery«. In: *Process and Pattern in Culture:* 337–348, hgg. von R. A. Manners. Chicago, Aldine
Singer, Milton
1961. »A Survey of Culture and Personality Theory and Research«. In: Kaplan 1961: 9–90.
Skinner, Burrhus F.
1957. *Verbal Behavior.* New York, Appleton-Century-Crofts
Slotkin, James S. (Hg.)
1965. *Readings in Early Anthropology.* Chicago, Aldine
Smith, M. Brewster
1968. »Competence and Socialization«. In: Clausen 1968
Sombart, Werner
1913. *Der Bourgeois. Zur Geistesgeschichte des modernen Wirtschaftsmenschen.* München und Leipzig, Duncker & Humblot
Sonnemann, Ulrich
1969. *Negative Anthropologie. Vorstudien zur Sabotage des Schicksals.* Reinbek b. Hamburg, Rowohlt
Sonntag, Heinz Rudolf
1971. »Gespräch mit Darcy Ribeiro«. In: *Kursbuch* 23: 167–186.
Spaemann, Robert
1965. »Natürliche Existenz und politische Existenz bei Rousseau«. In: *Collegium Philosophicum.* Studien Joachim Ritter zum 60. Geburtstag: 373–388. Basel-Stuttgart, Schwabe & Co.

1967. »Genetisches zum Naturbegriff des 18. Jahrhunderts«. In: *Archiv für Begriffsgeschichte* XI: 59–74.
Speichert, Horst
1970. »Kleine Vererbungs-Knobelei«. In: *betrifft: erziehung* III, 10: 3.
Spiro, Melford E. (Hg.)
1965. *Context and Meaning in Cultural Anthropology*. New York-London, Free Press
Spuhler, James N.
1959. *The Evolution of Man's Capacity for Culture*. Detroit, Wayne State University Press
Sussman, Marvin B.
1970. *Competence and Options: A Theoretical Essay*. Manuskript, 29 S.
Swartz, Marc J., Victor W. Turner und Arthur Tuden (Hg.)
1966. *Political Anthropology*. Chicago, Aldine
Szczesny, Gerhard
1970. »Vorbemerkungen«. In: *Club Voltaire* IV: 9–15. Reinbek b. Hamburg, Rowohlt
Schabert, Tilo
1969. *Natur und Revolution. Untersuchungen zum politischen Denken im Frankreich des achtzehnten Jahrhunderts*. München, Paul List
Schaff, Adam
1965. *Marxismus und das menschliche Individuum*. Wien, Europa Verlag
1969a. »Marx et l'humanisme contemporain«. In: *Publications* ... 1969: 443–453.
1969b. »A propos de l'intégration des sciences de l'homme«. In: Janne und Bolle de Bal: 43–57.
Schelsky, Helmut
1970a. »Thesen zu Jürgen Habermas: ›Technik und Wissenschaft als ›Ideologie‹‹«. Manuskript, 11 S. *Colloquium des Zentrums für interdisziplinäre Forschung der Universität Bielefeld*. Rheda, 11./12. Januar 1970.
Schelsky, Helmut (Hg.)
1970b. *Zur Theorie der Institution*. Düsseldorf, Bertelsmann Universitätsverlag
Schelsky, Helmut und Werner Maihofer (Hg.)
1970. *Jahrbuch für Rechtssoziologie und Rechtstheorie 1*. Düsseldorf, Bertelsmann Universitätsverlag
Scheuch, Erwin K. (Hg.)
1968. *Die Wiedertäufer der Wohlstandsgesellschaft. Eine kritische Untersuchung der ›Neuen Linken‹ und ihrer Dogmen*. Köln, Markus Verlag

Schmidt, Alfred
1965. Nachwort zu Lefebvre 1965: 133–145.
1966. Nachwort zu Lefebvre 1966: 139–163.

Schoeck, Helmut
1966. *Der Neid. Eine Theorie der Gesellschaft.* Freiburg-München, Karl Alber
1967. »Das Selbstverständnis des heutigen Menschen im Aspekt der soziologischen Denkformen«. In: Schwarz 1967, 1: 581–595.

Schoeck, Helmut und James W. Wiggins (Hg.)
1960. *Scientism and Values.* Princeton (N. J.), Van Nostrand Comp.
1961. *Relativism and the Study of Man.* Toronto, Van Nostrand Comp.

Scholte, Bob
1969. *The Ethnology of Anthropological Traditions.* Ph. D. Dissertation. University of California, Berkeley
1970. *Towards A Self-Reflective Anthropology.* Paper, VII. Weltkongreß f. Soziologie in Varna (Bulgarien), 14.–19. September 1970. Research Committee »Sociology of Knowledge«
1971. *Toward A Reflexive and Critical Anthropology.* Manuskript, 36 S.

Schwarz, Richard (Hg.)
1967. *Menschliche Existenz und modernes Weltbild. Ein internationales Symposium zum Selbstverständnis des heutigen Menschen.* Berlin, de Gruyter & Co. 2 Teile

Stocking Jr., George W.
1967. »Special Review: Anthropologists and Historians as Historians of Anthropology: Critical Comments on Some Recently Published Work«. In: *Journal of the History of the Behavioral Sciences* III, 4: 376–387.

Stojanović, Svetozar
1970. *Kritik und Zukunft des Sozialismus.* München, Carl Hanser

Stolte Heiskanen, Veronica
1970. »Kontextanalyse und Theoriebildung in der interkulturellen Familienforschung«. In: *Kölner Zeitschrift für Soziologie und Sozialpsychologie,* Sonderheft 14 »Soziologie der Familie«: 199–218.

Strodtbeck, Fred
1964. »Considerations of Meta-Method in Cross-Cultural Studies«. In: *American Anthropologist* LXVI: 223–229.

Sturtevant, William C.
1964. »Studies in Ethnoscience«. In: *American Anthropologist* LXVI, 3: 99–131.

Tax, Sol
1955. »The Integration of Anthropology«. In: *Yearbook of Anthropology:* 313–329. New York, Wenner-Gren Foundation for Anthropological Research
Thompson, Laura
1952. »Some Significant Trends Toward Integration in the Sciences of Man«. In: *Proceedings of the American Academy of Arts and Sciences* LXXX, 2: 173–186.
1967. »Steps Toward a Unified Anthropology«. In: *Current Anthropology* VIII, 1–2: 67–77.
Topitsch, Ernst
1969. *Mythos, Philosophie, Politik. Zur Naturgeschichte der Illusion.* Freiburg, Rombach
Tugarinov, Vasilij Petrovič
1962. *Über die Werte des Lebens und der Kultur.* Berlin (DDR), Deutscher Verlag der Wissenschaften
Viet, Jean
1966. *Les sciences de l'homme en France. Tendances et organisation de la recherche.* Paris-Den Haag, Mouton
Vivas, Eliseo
1960. »Science and the Study of Man«. In: Schoeck und Wiggins 1960: 50–82.
1968. »Is a Conservative Philosophical Anthropology Possible?« In: *Social Research* XXXV, 4: 593–615.
Voget, Fred W.
1960. »Man and Culture: An Essay in Changing Anthropological Interpretation«. In: *American Anthropologist* LXII: 943–965.
1967. »Progress, Science, History and Evolution in Eighteenth and Nineteenth Century Anthropology«. In: *Journal of the History of the Behavioral Sciences* III, 2: 132–155.
Voltaire
1961. »L'ingénu. Histoire véritable tirée des manuscrits du P. Quesnel« (1767). In: *Romans,* présenté par Roger Peyrefitte: 246–320. Paris, Librairie Générale Française

Wallace, Anthony F. C.
1961. »The Psychic Unity of Human Groups«. In: Kaplan 1961: 129–163.
Walton, Paul, Andrew Gamble und Jeff Coulter
1970. »L'Anthropologie philosophique dans le marxisme«. In: *L'homme et la société* 17: 149–161.
Washburn, Sherwood L.
1962. *Social Life of Early Man.* London, Methuen & Co.
1968. »One Hundred Years of Biological Anthropology«. In: Brew 1968: 97–115.

Washburn, Wilcomb E.
1957. »A Moral History of Indian-White Relations: Needs and Opportunities for Study«. In: *Ethnohistory* IV: 47–61.
1964. *The Indian and the White Man.* New York, Anchor Books, Doubleday & Co.
Waxweiler, Emile
1906. *Esquisse d'une sociologie. Notes et mémoires.* Institut Solvay, Travaux de l'Institut Sociologique, Fasc. 2. Bruxelles, Misch et Thon
Wehler, Hans-Ulrich (Hg.) 1971. *Geschichte und Psychoanalyse.* Köln, Kiepenheuer & Witsch
Weischedel, Wilhelm (Hg.)
1968. *Kants Werke in zehn Bänden.* Darmstadt, Wiss. Buchgesellschaft
Weitling, Wilhelm
1971. *Das Evangelium des armen Sünders. Die Menschheit wie sie ist und wie sie sein sollte.* Reinbek b. Hamburg, Rowohlt
v. Weizsäcker, Carl Friedrich
1971. »Wie wird und soll die Rolle der Wissenschaft in den siebziger Jahren aussehen?«. In: *Die Einheit der Natur:* 21–38. München, Carl Hanser
Werner, Oswald
1969. »The Basic Assumptions of Ethnoscience«. In: *Semiotica* I, 3: 329–338.
White, Leslie A.
1966. »The Social Organization of Ethnological Thought«. Houston (Texas), *Rice University Monograph in Cultural Anthropology* LXII, 4
White, R. J.
1970. *The Anti-Philosophers. A Study of the Philosophes in Eighteenth-Century France.* London, Mac Millan
Whorf, Benjamin Lee
1963. *Sprache, Denken, Wirklichkeit. Beiträge zur Metalinguistik und Sprachphilosophie.* Reinbek b. Hamburg, Rowohlt
Wickler, Wolfgang
1970. *Antworten der Verhaltensforschung.* München, Kösel
1971. *Die Biologie der zehn Gebote.* München, R. Piper & Co.
v. Wiese, Leopold und K. G. Specht (Hg.)
1950. *Synthetische Anthropologie.* Bonn, Athenäum
Willms, Bernard
1970a. *Disskusionsvorlage.* Colloquium »Arbeit und Interaktion«. Zentrum für Interdisziplinäre Forschung der Universität Bielefeld. Rheda, 11./12. Januar 1970. Manuskript, 6 S.
1970b. »Institutionen und Interesse. Elemente einer reinen Theorie der Politik«. In: Schelsky 1970b: 43–58.

Wolf, Abraham

1950. *A History of Science, Technology and Philosophy in the 16th & 17th Centuries.* London, George Allen & Unwin. 2. Aufl.

Wolf, Eric R.

1969. »American Anthropologists and American Society«. In: Concepts and Assumptions in Contemporary Anthropology. *Southern Anthropological Society Proceedings* 3: 3–11. Athens, University of Georgia Press

Wolf, Eric R. und Joseph G. Jorgensen

1970. »Anthropology on the Warpath in Thailand«. In: *The New York Review of Books*, 19. 11. 1970: 26–35.

1971. Diskussionsbeitrag. In: *The New York Review of Books*, 8. 4. 1971, S. 45–46.

Woodger, Joseph H.

1952. *Biology and Language.* Cambridge University Press

Wüstemeyer, Manfred

1967. »Die ›Annales‹: Grundsätze und Methoden ihrer ›neuen Geschichtswissenschaft‹«. In: *Vierteljahresschrift für Sozial- und Wirtschaftsgeschichte* 54: 1–45.

Wyss, Dieter

1969. *Marx und Freud. Ihr Verhältnis zur modernen Anthropologie.* Göttingen, Vandenhoeck & Ruprecht

Marx-Chronik

Daten zu Leben und Werk, zusammengestellt von Maximilien Rubel.
Reihe Hanser Band 3. 2. Auflage 1968. 164 Seiten.

Die Marx-Chronik von Maximilien Rubel ist ein unentbehrliches Handbuch für jede Marxlektüre. Ein intensives Studium der ursprünglichen Konzeption des Sozialismus durch Karl Marx ist heute, im Zeitalter der Ideologen, wichtiger denn je. Es erfordert die genaue Kenntnis der gesellschaftlichen und persönlichen Verhältnisse, denen Karl Marx ausgesetzt war. Die Marx-Chronik bietet die exakten, durch Zitate aus Briefen und anderen Quellen ergänzten Lebensdaten von Karl Marx und ermöglicht es gleichzeitig, die Entstehung seiner Schriften im einzelnen zu verfolgen. Dieses Handbuch enthält sich bewußt einer verfälschenden ideologischen Interpretation von Biographie und Werk. So werden Leben und Werk von Karl Marx deutlicher, als es eine weitläufige Darstellung erreichen kann.
Der französische Gelehrte Maximilien Rubel, Mitverfasser der maßgeblichen Marx-Bibliographie, gilt international als einer der besten Kenner des Marxismus.

Christopher Caudwell

Bürgerliche Illusion und Wirklichkeit.
Beiträge zur materialistischen Ästhetik. Hrsg. von Peter Hamm. Reihe Hanser Band 76. 348 Seiten.

Die Arbeit von Christopher Caudwell (Illusion and Reality. A Study of the Sources of Poetry), die bereits 1937 erschienen ist, läßt sich in ihrem epochalen Rang nur mit dem Werk Walter Benjamins vergleichen. Diese außerordentliche Wiederentdeckung kann keiner ignorieren, der sich mit der Wechselwirkung von Kunst und Gesellschaft befaßt.
Caudwell hat ein exaktes Konzept: »Dieses Buch beschäftigt sich nicht nur mit der Poesie allein, sondern auch mit deren Quellen. Da sich die Poesie der Sprache bedient, handelt das Buch auch von den Grundlagen der Sprache. Die Sprache ist ein gesellschaftliches Produkt, ist das Instrument, womit sich die Menschen untereinander verständigen und austauschen; deshalb kann man das Studium der Grundlagen der Dichtung nicht vom Studium der Gesellschaft trennen.« In klarer materialistischer Analyse untersucht Caudwell zunächst die Entstehung der Poesie und verwendet den größten Teil der Arbeit auf die moderne Poesie, also die Literatur des bürgerlichen Zeitalters, wobei ihm englische Verhältnisse und englische Dichter als Beispiel dienen (Periode der ursprünglichen Akkumulation, industrielle Revolution etc.). Durch kritischen Bezug auf die Thesen Freuds erweitert er sein Instrumentarium (Traumarbeit der Poesie etc.) und erfaßt die Tendenz der bürgerlichen Illusion: die poetische Vorstellung der Wirklichkeit wird selber für wirklich gehalten und gibt daher ein illusionäres Bild der Wirklichkeit.

1 Elias Canetti: *Die Stimmen von Marrakesch.* Aufzeichnungen nach einer Reise.
2 Régis Debray: *Die Grenze/Ein gewiefter Bursche.* Erzählungen.
3 *Marx-Chronik.* Zusammengestellt von Maximilien Rubel.
4 Dimitrij Lichatschow: *Nach dem Formalismus.*
5 Erich Fried: *Zeitfragen.* Gedichte.
6 Max Stirner: *Der Einzige und sein Eigentum und andere Schriften.* Hrsg. von Hans G Helms.
7 Reinhard Lettau: *Feinde.*
8 Tadeusz Rózewicz: *Entblößung.* Erzählung.
9 *Richtlinien und Anschläge.* Materialien zur Kritik der repressiven Gesellschaft. Hrsg. von Albrecht Goeschel.
10 Stanislaw Jerzy Lec: *Letzte unfrisierte Gedanken.*
11 Günter Kunert: *Die Beerdigung findet in aller Stille statt.* Erzählungen.
12 *Kritik – von wem / für wen / wie?* Hrsg. von Peter Hamm.
13 Jerzy Szaniawski: *Professor Tutkas Geschichten.*
14 Reinhard Kühnl: *Deutschland zwischen Demokratie und Faschismus.*
15 Wolf Wondratschek: *Früher begann der Tag mit einer Schußwunde.*
16 *Das Denken von Sade.* Aufsätze von R. Barthes, H. Damisch, P. Klossowski, Ph. Sollers und M. Tort.
17 Miroslav Holub: *Obwohl . . .* Gedichte.
18 Joachim Schickel: *China: Die Revolution der Literatur.*
19 Lars Gustafsson: *Der eigentliche Bericht über Herrn Arenander.* Roman.
20 Paul Jacobs / Saul Landau: *Die Neue Linke in den USA.*
21 Gabriel Laub: *Verärgerte Logik.* Aphorismen.
22 Barbara König: *Spielerei bei Tage.* Erzählungen.
23 Elias Canetti: *Der andere Prozeß.* Kafkas Briefe an Felice.
24 Allen Ginsberg: *Planet News.* Gedichte.
25 Petr Kropotkin: *Die Eroberung des Brotes und andere Schriften.* Hrsg. von Hans G Helms.
26 Salvador Elizondo: *Farabeuf oder die Chronik eines Augenblicks.* Roman.
27 Hans Heinz Holz: *Widerspruch in China.* Politisch-philosophische Erläuterungen zu Mao Tse-tung.
28 *Musik auf der Flucht vor sich selbst.* Hrsg. von Ulrich Dibelius.
29 *Ansichten einer künftigen Germanistik.* Hrsg. von Jürgen Kolbe.
30 Uwe Brandner: *Drei Uhr Angst.* Roman.
31 Michail Bachtin: *Literatur und Karneval.* Zur Romantheorie und Lachkultur.
33 Günter Kunert: *Warnung vor Spiegeln.* Gedichte.
34 Guntram Vesper: *Kriegerdenkmal ganz hinten.* Prosa.
35 Günter Bruno Fuchs: *Handbuch für Einwohner.*
36 Johann Benjamin Erhard: *Über das Recht des Volks zu einer Revolution und andere Schriften.* Hrsg. von Hellmut G. Haasis.
37 Karel Michal: *Gespenster für den Alltag.* Geschichten.
38 Horst Bienek: *Bakunin, eine Invention.*
39 Uwe Herms: *Ein Liebesfall.* Roman.
40 Karl Heinz Bohrer: *Die gefährdete Phantasie, oder Surrealismus und Terror.*
41 Svetozar Stojanović: *Kritik und Zukunft des Sozialismus.*
42 *Guerrilleros, Partisanen.* Theorie und Praxis. Hrsg. von Joachim Schickel.
43 Alfred Jarry: *König Ubu, Ubu Hahnrei, Ubu in Ketten.*
44 Wolf Wondratschek: *Ein Bauer zeugt mit einer Bäuerin einen Bauernjungen, der unbedingt Knecht werden will.*
45 *Let it bleed.* Die Rolling Stones in Altamont. Berichte und Photos. Hrsg. von Siegfried Schober.

46 Richard Brautigan: *In Wassermelonen Zucker*. Roman.
47 *Sprache und Stil Lenins*. Aufsätze von V. Schklowski, B. Eichenbaum, L. Jakubinski, J. Tynjanow, B. Kasanski, B. Tomaschewski.
48 Kvetoslav Chvatik: *Strukturalismus und Avantgarde*. Aufsätze zur Kunst und Literatur.
49 Ausgust Strindberg: *Ein Lesebuch für die niederen Stände*. Hrsg. von Jan Myrdal.
50 Elias Canetti: *Alle vergeudete Verehrung*. Aufzeichnungen 1949–1960.
51 George Günther Eckstein: *USA: Die neue Linke am Ende?*
52 Anfrid Astel: *Kläranlage*. 100 neue Epigramme.
53 Lars Gustafsson: *Utopien*. Essays.
54 *Weltbilder*. 49 Beschreibungen. Hrsg. von G. F. Jonke und Leo Navratil.
55 Lenin: *Über historischen Materialismus*. Hrsg. von Alfred Schmidt.
56 Michael Pehlke/Norbert Lingfeld: *Roboter und Gartenlaube*. Ideologie und Unterhaltung in der Science-Fiction-Literatur.
57 Klaus Wallraven/Eckart Dietrich: *Politische Pädagogik*. Aus dem Vokabular der Anpassung.
58 Eldridge Cleaver/Lee Lockwood: *Gespräche in Algier*.
59 Hermann Schürrer: *Europa: Die Toten haben nichts zu lachen*.
60 Paul Lüth: *Ansichten einer künftigen Medizin*.
61 Wolf Lepenies/Helmut Nolte: *Kritik der Anthropologie*.
62 Witold Wirpsza: *Der Mörder*. Erzählungen.
63 *Verwaltete Musik*. Hrsg. von Ulrich Dibelius.
64 *Die Unterhaltung der deutschen Fernsehfamilie*. Hrsg. von Friedrich Knilli.
65 Alain Labrousse: *Die Tupamaros*. Stadtguerrilla in Uruguay.
66 *Die Tabus der bundesdeutschen Presse*. Hrsg. von Eckart Spoo.
67 Michael Hatry: *Aus lauter Liebe*. Geschichten.
68 *a + b leuchten im Klee*. Psychopathologische Texte. Hrsg. von Leo Navratil.
70 *Das Rechtskartell*. Reaktion in der Bundesrepublik. Hrsg. von Harald Jung und Eckart Spoo.
71 Dylan Thomas: *Abenteuer in Sachen Haut*. Erzählungen.
72 Wolf Wondratschek: *Paul oder die Zerstörung eines Hörbeispiels*. Hörspiele.
73 Richard Brautigan: *Forellenfischen in Amerika*. Roman.
74 Klaus Völker: *Brecht-Chronik*. Daten zu Leben und Werk.
75 Helmut Ostermeyer: *Strafunrecht*.
76 Christopher Caudwell: *Bürgerliche Illusion und Wirklichkeit*. Studien zu einer materialistischen Ästhetik. Hrsg. von Peter Hamm.
77 Uwe Brandner: *Mutanten Milieu*. Bericht aus dem Land Asphalt und Alphabet.
78 Ulrike Prokop: *Soziologie der Olympischen Spiele*. Sport und Kapitalismus.
79 Afheldt/Potyka/Sonntag/Weizsäcker: *Durch Kriegsverhütung zum Krieg?*
80 Wolf Lepenies: *Soziologische Anthropologie*. Materialien.
81 Peter Klein: *Francos zweite Inquisition*. Spanien zwischen Folter und EWG.
82 Pierre Hoffmann/Nikitas Patellis: *Demokratie als Nebenprodukt*. Versuch einer öffentlichen Planung.
83 Jean-Luc Godard: *Godard / Kritiker*. Gesammelte Kritiken und Aufsätze über Film (1950–1970).
84 Alfred Schmidt: *Geschichte und Struktur*. Fragen einer marxistischen Historik.